Goddess Girls series:#6 APHRODITE THE DIVA by Joan Holub and Suzanne Williams
Copyright © 2011 by Joan Holub and Suzanne Williams
All rights reserved.
This Korean edition was published by RH Korea in 2014 by arrangement with
Joan Holub and Suzanne Williams c/o EDEN STREET LLC through KCC(Korea Copyright Center Inc.), Seoul.

이 책은 (주)한국저작권센터(KCC)를 통한 저작권자와의 독점 계약으로 (주)알에이치코리아에서 출간되었습니다.
저작권법에 의해 한국 내에서 보호를 받는 저작물이므로 무단 전재와 복제를 금합니다.

6 아프로디테의 선택

조앤 호럽, 수잰 윌리엄스 글 · 김경희 옮김 · 이영 그림

루시와 앨리스 벌리언트에게

– 조앤 호럽, 수잰 윌리엄스

차례

1. D학점 — 09
2. 러브러브 클럽 — 36
3. 편지 — 64
4. 아서스 — 83
5. 여신 납시오! — 113
6. 바쁘다, 바빠 — 139

7 꿍꿍이 •165

8 피그말리온의 선택 •191

9 번쩍번쩍, 우르릉 쾅쾅! •216

10 헤라 •244

11 갈라테이아 •259

12 난 누구일까요? •286

1 D학점

'영웅학 과목이 낙제라고?'

올림포스 학교 체육관에서 아프로디테는 충격에 휩싸인 채 성적표를 들여다보았다.

'말도 안 돼!'

아프로디테는 반짝이는 두 눈을 꼭 감았다가 번쩍 떴다. 혹시 잘못 본 게 아닐까 했지만 불행하게도 성적표에는 여전히 D라는 글자가 찍혀 있었다. 엄밀히 말해 D가 낙제점은 아니지만, 그렇다고 내세울 만하지도 않았다. 아프로디테가 슬그머니 주위를 쓱 둘러보자 심술궂은 메두사가 아프로디테의 행동 하나하나를 유심히 관찰하고 있는 게 보였다.

'오, 이런!'

아프로디테는 얼른 성적표 두루마리를 새 키톤 호주머니에 쑤셔 넣었다. 성적을 끌어올리기 위해서 어떻게 할지 궁리해야 했지만 그것은 나중 일이었다. 일단 지금은 이곳에 온 목적부터 이룬 다음 누군가 아프로디테의 성적에 대해 묻기 전에 얼른 빠져나가기로 했다. 아프로디테의 영웅학 성적이 알려지게 할 순 없었다. 가뜩이나 외모가 예쁘면 무조건 머리가 텅 비었을 거라고 생각하는데, 아프로디테가 그 생각을 더 확실하게 해 주고 싶진 않았다. 게다가 그건 사실도 아니었다!

아프로디테는 길게 물결치는 아름다운 금발을 무심한 척 뒤로 휙 날렸다.

'한 과목 점수를 나쁘게 받았다고 해서 공부를 못하는 건 아니라고.'

아프로디테는 체육관 가운데에 있는 커다란 말판 쪽으로 서둘러 걸음을 옮겼다. 여느 때라면 키클롭스 선생님의 영웅학 교실에 있었겠지만, 오늘은 영웅의 날을 축하하는 파티 때문에 말판을 체육관으로 옮겨 놓았다. 이 파티가 끝난 후 닷새 동안 올림포스 학교의 영웅 주간 방학이 시작된다.

"실례해요. 미안합니다. 좀 지나갈게요."

아프로디테는 와글와글 모여 있는 학생들 사이를 요리조리 비집고 지나며 말판으로 다가갔다. 아프로디테가 쳐다보기만 하면 남학생은 누구든지 아프로디테의 미소에 홀려서 길을 터 주었다. 영웅학은 반드시 들어야 하는 과목이기 때문에 사실상 올림포스 학교의 모든 학생이 모여 있었다.

'휴!'

아프로디테는 선물 포장을 하러 아침 일찍 불멸 쇼핑센터에 갔다가 지각을 하고 말았다. 옷 가게 진열대에 걸려 있는 키톤이 맘에 들어 가게에 들어갔다 다른 키톤까지 이것저것 입어 보느라 시간 가는 줄 몰랐기 때문이었다.

'그 정도는 누구한테나 있는 일 아니야?'

아프로디테가 마침내 말판 앞에 도착했다. 영웅학 게임 말판은 탁구대 두 개를 나란히 붙여 놓은 크기의 탁자에 놓여 있었다. 말판의 입체 지도에는 다양한 나라의 성이며 마을, 길, 산등성이가 점점이 흩어져 있었다. 바다에는 작은 바다 괴물과 인어, 비늘 덮인 용이 실제로 살아 움직이고 있었!

한편 말판 곳곳에 8센티미터 크기의 영웅 조각상 열두어 개가 게임용 말로 놓여 있는데, 대부분의 조각상 옆에 이미 작은 선물이 놓여 있었다. 영웅의 날에는 학생들이 자신의 영웅에게 상을 주는 전통이 있기 때문이었다. 아프로디테가 아침부터 쇼핑센터에 갔던 것도 아프로디테의 영웅에게 줄 선물의 포장을 위해서였다.

아프로디테의 용감한 영웅 파리스는 안타깝게도 말판 가장자리 쪽 소아시아의 이다 산에 있었다. 이다 산은 지금 아프로디테가 있는 쪽에서 완전 반대편이었다. 아프로디테는 지금이라도 빠져나갈 수 있을까 해서 체육관 문 쪽으로 슬쩍 눈길을 던졌다. 하지만 파리스를 위해 가져온 선물을 전하지도 않고 그냥 떠날 수는 없었다.

아프로디테는 분홍색 종이 가방을 꽉 움켜쥐고서 커다란 말판의 모서리를 따라 조심조심 발걸음을 뗐다. 아프로디테의 시야에 단짝 중 한 명인 아테나의 모습이 보였다. 아프로디테와 아테나는 서로를 향해 손을 흔들고 손가락을 꼼지락거리며 인사를 건넸다. 가슴팍에 성적표 두루마리를 꼭 품은 아테나는 자부심으로 가득 차 환히 빛나고 있었다. 아테나는 올림포스 학교에서 가장 똑똑한 학생이니만큼 A를 받았으리라는 건 누구라도 쉽게 짐작할 수 있었다.

"아싸!"

아프로디테는 커다란 소리에 이끌려 뒤를 돌아보았다. 단짝 아르테미스가 아폴론과 손을 마주치고 있었다. 두 쌍둥이 남매도 흡족한 성적을 받은 게 분명했다! 심지어 농땡이 치기로는 둘째가라면 서러울 디오니소스조차 C가 쓰인 성적표를 자랑스레 내보이고 있었다.

'아니, 디오니소스가 나보다 잘했단 말이야? 이건 불공평해!'

세상에서 디오니소스가 진지하게 여기는 일이라고는 학교 연극과 아폴론이 이끄는 밴드 연주뿐, 수업에는 관심도 없고 맨날 놀기만 했다.

'흠! 아무리 생각해도 내가 D일 순 없어. 가능한 빨리 키클롭스 선생님께 성적을 바꾸어 달라고 말씀드려야지.'

드디어 말판 반대편 끝에 다다른 아프로디테는 안도의 한숨을 내쉬었다. 그러고는 종이 가방을 뒤져 반짝이는 종이와 돌돌 말린 자그만 리본으로 포장된 상자를 꺼냈다. 파리스에게 주는 상으로 고른 선물이었다.

"나의 작은 영웅님, 여기 있어요. 내가 준비한 상이 마음에 들면 좋겠어요."

아프로디테의 말이 떨어지자 마법 선물 포장이 스르르 벗겨졌다. 상자에는 5센티미터 길이의 반짝이는 황금 방패가 들어 있었다.

"이 방패는 아주 특별한 거예요. 금으로 만들어졌거든요. 불멸 쇼핑센터에서 찾아낸 건데, 친구인 헤파이스토스가 파리스의 첫 글자 P를 멋지게 새겨 주었어요. 여기 보이죠?"

아프로디테는 말판에 있는 파리스 옆에 방패를 조심스럽게 내려놓았다. 영웅학 수업을 듣는 학생들이 자신의 조각상에게 하는 일은 무엇이든 저 아래 인간 세상에 사는 현실의 영웅한테도 그대로 일어났다. 그러므로 살아 숨 쉬는 실제 크기의 파리스도 지금 막 아프로디테로부터 모형 방패와 똑같이 생긴 커다란 황금 방패를 선물 받았을 터였다. 파리스는 아프로디테가 귀에 대고 속삭이는 듯이 그 목소리도 들을 수 있었다.

"파리스, 헬레네와 사랑에 빠지게 해서 미안해요. 그 일 때문에 트로이에 일어난 문제에 대해서도 미안하고요."

원래 영웅학 수업의 과제는 각 학생이 담당 영웅을 원정에 내보내는 것이었는데, 아프로디테는 뜻하지 않게 파리스가 전쟁을 일으키도록 거들고 말았다. 그러나 아프로디테가 보기에는 별 대수롭지 않은, 정말 작은 실수일 뿐이었다.

'설마 그것 때문에 D를 받은 걸까?'

그런 생각이 들자 아프로디테는 목적을 이루었으니 이제는 체육관에서 얼른 빠져나가야겠다고 마음먹었다. 아프로디테는 슬그머니 말판을 돌아서 옆문으로 향했다. 잘하면 아무도 모르게 살짝 빠져나갈 수 있을 것 같았다. 혹시라도 누가 성적을 물어보기 전에 말이다. 그 순간 초록색 손이 아프로디테의 팔을 잡았다.

"어머, 안녕?"

메두사가 말을 걸며 아프로디테 앞을 가로막았다. 아프로디테는 그 자리에 딱 얼어붙어서 메두사의 머리에 머리칼 대신 자라난 뱀들을 빤히 쳐다보았다. 메두사의 뱀들은 뾰족한 혀를 날름거리며 번들거리는 눈동자로 아프로디테를 쏘아보았다. 아프로디테는 깜짝 놀라 대답조차 못 했다.

"뽀글이, 정신 차려."

메두사가 손가락을 딱

튕기며 아프로디테의 주의를 돌렸다.

아프로디테는 메두사의 얼굴을 휙 쏘아보았다.

"그렇게 부르지 말랬지!"

아프로디테는 '뽀글이'라는 별명이 정말 싫었다. 그렇잖아도 바다 거품에서 태어났다는 사실이 좀 거북한데 '어떤 아이들'은 한시라도 그 일을 잊게 내버려 두지 않았다.

"아차! 미안."

메두사는 뽀글이라고 부른 게 순전히 실수였다는 듯이 어깨를 으쓱해 보였다.

"너도 성적표 받았지?"

아프로디테는 아무렇지도 않은 척하며 대답했다.

"당연하지. 넌 뭐 받았어?"

"난 B 받았어."

메두사는 자기만족에 빠져 능글맞게 웃었다.

그때 아프로디테와 메두사의 뒤쪽에서 아폴론과 아레스가 학생들 사이를 헤치고 말판으로 다가왔다. 둘은 자신의 영웅을 모형 배에 태우더니 지중해를 가로지르며 요란스럽게 경주를 시작했다. 그걸 보려고 주위 아이들이 우르르 몰려들었다.

메두사는 소란 통에 더 큰 목소리로 물었다.

"넌 뭐 받았어?"

그러자 아폴론이 어깨 너머로 아프로디테를 힐끗 쳐다보며 대신 대답했다.

"보나 마나 아테나처럼 A 받았겠지 뭐."

곁에 있던 아레스도 거들었다.

"그래. 전쟁 일으키는 거 하나는 내가 아는 학생 가운데 아프로디테가 최고야."

아레스는 눈을 반짝이며 아프로디테를 향해 싱글싱글 웃었다. 아프로디테는 아레스가 감탄을 하는 건지 놀리는 건지 구분할 수가 없었다. 전쟁의 신이니만큼 아레스는 전쟁을 일으키는 게 좋은 일이라고 생각하는지도 몰랐다! 어쨌거나 아프로디테는 발끈하고 나섰다.

"일부러 그런 건 아니야! 난 그저 파리스가 사랑하는 사람을 찾기를 바랐을 뿐이야."

그러자 메두사가 으르렁거리듯 대꾸했다.

"그래. 단지 내 영웅인 메넬라오스 왕이 헬레네와 먼저 사랑하는 사이였다는 게 문제였지."

'오, 신이시여! 이제 그 일은 그만 좀 털어 버려!'

아프로디테는 짜증이 났지만 오히려 고개를 더 높이 쳐들었다. 아프로디테의 푸른 눈동자가 반짝반짝 빛났다. 아프로디테가 허리에 손을 턱 얹으며 따져 물었다.

"뭐가 됐든, 누가 사랑의 여신이지?"

아프로디테는 엄지로 자신의 가슴팍을 가리키며 힘주어 말했다.

"바로 나야. 내가 사랑의 여신이라고! 그러니 누가 누구를 사랑할지는 내가 정해!"

그러자 메두사는 눈알을 빙글빙글 굴리며 툭 내뱉었다.

"너 정말 공주병이구나!"

"뭐?"

아프로디테는 발끈하면서도 놀라서 주춤거렸다.

'지금 얘가 무슨 소리를 하는 거지?'

메두사는 고집스레 쏘아붙였다.

"사실이잖아! 넌 남의 이목을 끌기 위해서라면 무슨 짓이든 할 거야! 소문에 따르면 인간들도 전쟁이나 일으키고 다니는 너를 불만스럽게 여긴다더라."

아프로디테는 메두사를 노려보았다. 인간이라면 감히 엄두도 낼 수 없는 일이었다. 메두사는 눈길 한 번으로 인간을 돌로 바꾸어 버리는 힘이 있기 때문이었다.

아프로디테가 쏘아붙였다.

"메두사, 그건 사고였다고 했잖아."

그러자 페르세포네가 아프로디테 옆으로 와서 거들었다.

"아프로디테는 파리스가 사랑하는 사람을 찾을 수 있도록 돕고 싶었던 거야. 그게 나쁜 일은 아니잖아?"

이번에는 아테나가 아프로디테와 페르세포네 사이로 쓱 미끄러져 들어오더니 두 아이와 팔짱을 꼈다.

"그리고 트로이 전쟁에 대해서 한마디 하자면, 우리 모두 담당 영웅에게 여러 가지 실수를 저질렀어. 나 때문에 오디세우스가 트로이에서 고향으로 돌아갈 때 얼마나 헤맸는지 봐."

페르세포네, 아테나, 아르테미스와 아프로디테는 단짝이자 올림포스 학교에서 '가디스 걸스'라고 불리는 인기 있는 여신들이었다. 아프로디테는 친구들이 자신을 위해 나서니 기뻤고, 친구들의 말에서 따스한 우정을 느꼈다. 그래도 인간들이 아프로디테에게 불만이 있다는 메두사의 말이 영 마음에 걸렸다. 아프로디테가 그 문제에 대해 좀 더 생각해 보려는 순간, 아르테미스가 뒤에서 목청을 높였다.

"아테나의 말이 맞아. 우리가 올림포스 학교에 다니는 목적은 최고의 여신이 되는 법을 배우기 위해서잖아. 실수는 배움의

한 과정이야. 그리고 난 트로이 전쟁 덕분에 올해 영웅학 수업이 여느 해보다 훨씬 흥미진진했다고 생각해."

"옳소!"

아레스가 경주를 하다 말고 고개를 들더니 덧붙였다.

"전쟁은 멋진 일이야."

아프로디테는 아레스에게 톡 쏘아붙였다.

"도와주려거든 차라리 그냥 가만히 있어 줄래?"

아프로디테는 일 년 내내 아레스와 사귀었다가 헤어지기를 반복했다. 사실 그건 놀랄 일도 아니었다. 금발에 키도 크고 근육질 몸매인 아레스는 분명히 학교 최고의 미남이었다. 그런데 최근 들어 아프로디테와 아레스의 사이는 더욱 휘청거렸고, 거의 매일 싸웠기 때문에 아프로디테는 이제 아레스와 완전히 끝났다고 믿었다. 정말 그랬다.

메두사가 팔꿈치로 아프로디테를 쿡 찔렀다.

"자, 털어놔 봐. 네 성적은 뭐야?"

'아, 진짜 얘는 하피(그리스 신화에 나오는 괴물로 여자의 머리와 몸에 새의 날개와 발을 가지고 있다고 한다. 비열하고 짜증나는 여자를 가리키는 말로도 사용된다. -옮긴이)만큼이나 짜증난다니까!'

아프로디테가 느끼기에 이제 체육관에 모여 있는 학생들의 반 이상이 둘의 대화에 귀를 기울이고 있는 것 같았다. 아프로디테는 아무리 사소한 것이라도 거짓말은 하고 싶지 않았다. 하지만 메두사가 하도 몰아붙이니 어쩔 수가 없었다. 아프로디테는 화사한 미소를 꾸며 걸고서 대답했다.

"네가 꼭 알아야겠다면 말해 줄게. 난……."

우르릉 쾅!

순간 모든 학생이 움찔했다. 열린 체육관 지붕으로 보이는 하늘에 성난 먹구름이 빠르게 몰려들었다. 이내 체육관에는 무시무시한 폭풍이 몰아치고 주먹만 한 우박이 후드득 떨어졌다.

"지붕을 닫아!"

키클롭스 선생님이 고함을 쳤다.

아레스, 아폴론과 몇몇 소년 신이 우르르 달려가서 여닫이 지붕을 조종하는 밧줄을 당겼다. 나머지 학생들은 몸을 숙여 관람석 의자 아래로 피했다. 지붕이 닫히자 아프로디테를 포함한 모든 학생이 창문이나 문으로 가 밖을 내다보았다.

"아우, 또야!"

아프로디테의 귀에 누군가 투덜거리는 소리가 들렸다. 목소리로 미루어 아테나인 것 같았다.

밖에서는 제우스가 쿵쿵거리며 운동장을 가로지르고 있었다. 제우스는 2미터가 넘는 키에, 몸에는 온통 근육이 울퉁불퉁 불거져 있고, 북슬북슬한 붉은 수염을 기른 데다, 사람을 꿰뚫어 보는 푸른 눈동자 때문에 평소에도 무서워 보였다. 거기에 기분까지 안 좋으면 제우스의 모습은 그야말로 무시무시했고, 지금은 아주아주 기분이 안 좋은 것 같았다!

제우스는 얼굴을 험악하게 일그러뜨린 채 두툼한 두 손을 불끈 움켜쥐고 있었다. 제우스의 주위에서 휘몰아치는 거친 바람 때문에 지나가던 학생들의 손에서 두루마리가 날아가고, 머리카락이 휘날리고, 키톤과 토가 옷자락이 펄럭거렸다. 게다가 번개까지 땅으로 내리꽂혀 수풀을 갈기갈기 찢고 나무를 사정없이 쪼갰다. 그 모습을 보고 페르세포네가 한마디를 던졌다.

"오늘 교장 선생님 기분이 좀 별로인가 봐."

아프로디테는 아테나를 슬쩍 쳐다보았다.

제우스 신은 신들의 제왕이자 하늘을 지배하는 자이며, 올림포스 학교 교장이지만, 아테나의 아빠이기도 했다. 아니나 다를까 아테나는 속상하기도 하고, 좀 창피하기도 한 듯 보였다.

'저렇게 화를 펄펄 내는 아빠를 보면 무척 힘들 거야.'

아프로디테는 손을 뻗어 아테나의 손을 얼른 꼭 쥐어 주었다. 그러고 나서 키클롭스 선생님을 찾아 주변을 둘레둘레 훑어보았다. 키클롭스 선생님은 바깥에서 일어나는 소동에 전혀 동요하지 않는 듯 영웅 케이크와 음료수가 놓여 있는 탁자에 혼자 앉아 있었다. 아프로디테는 지금이야말로 성적에 대해 물어볼 기회라고 생각하고서 투지를 활활 불태우며 키클롭스 선생님이 앉아 있는 탁자 쪽으로 걸어갔다.

"키클롭스 선생님, 잠깐 시간 되세요?"

아프로디테가 상냥하게 말을 걸었다. 생활기록부를 들여다보고 있던 키클롭스 선생님이 고개를 휙 들고 아프로디테를 바라보자 아프로디테는 깜짝 놀라 뒤로 풀쩍 물러났다. 키클롭스 선생님의 부리부리한

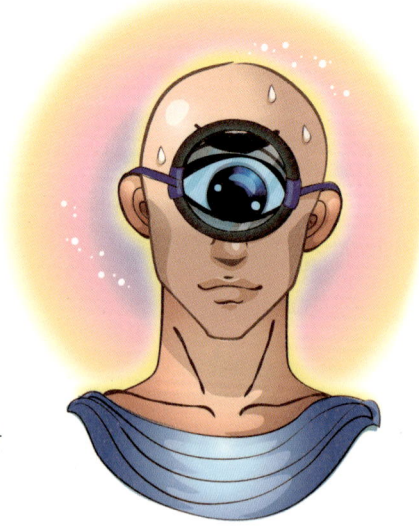

외눈이 평소보다 더 커다랬기 때문이었다.

'어머나, 안경을 쓰셨네!'

키클롭스 선생님은 이마 가운데에 커다란 눈 하나만 있는데, 돋보기안경이다 보니 커다란 눈동자가 원래 크기의 두 배로 보였다. 안경을 낀 게 겸연쩍어서인지 키클롭스 선생님은 고개를 푹 숙였다.

"선생님, 안경이 참…… 잘 어울리세요."

아프로디테는 키클롭스 선생님의 마음을 편하게 해 주려고 애썼다.

"음, 그래. 시력이 예전 같지 않아서 말이야."

키클롭스 선생님은 안경을 벗어 책상에 내려놓았다.

아프로디테는 성적에 대해 묻기 전에 선생님한테 친근하게 굴어서 손해 볼 건 없을 것 같았다. 그래서 한마디를 더했다.

"어머, 선생님. 신고 계신 샌들이 멋지네요. 그것도 새로 사신 거예요?"

그러자 키클롭스 선생님은 외눈을 찌푸리며 대꾸했다.

"성적 때문에 그러는 거냐?"

"음……."

아프로디테는 말을 얼버무렸다.

'어떻게 아신 거지?'

키클롭스 선생님은 한 손을 번쩍 들더니 커다란 대머리를 설레설레 흔들었다.

"성적을 올리려고 나한테 아부하지 마렴. 그런 방식이 남학생들한테는 통할지 모르지만 난 꿈쩍도 안 해."

아프로디테는 선생님을 향해 인상을 썼다가 이마에 주름이 생긴다는 사실이 떠올라 얼른 다시 표정을 부드럽게 풀었다.

"하지만 선생님, 전 이해가 안 돼요. 전 올해 과제도 다 제출했고, 출석도 완벽하게 했단 말이에요."

"넌 과제를 '늦게' 냈잖아. 그리고 대개는 지각을 했어. 그러나 네게 낮은 점수를 준 건 그 때문이 아니야."

키클롭스 선생님은 영웅학 말판을 가리켰다.

"저것 때문이지."

"파리스 문제로 아직도 화나신 거예요?"

"화났느냐고?"

키클롭스 선생님은 외눈을 치켜떴다.

"아프로디테, 넌 전쟁을 일으켰어. 그건 용납할 수 없는 일이야. 네 학업 문제 논의를 위해 상담하자고 누누이 말했잖니. 그런데 넌 계속 피해 다니기만 했지."

아프로디테는 가디스 걸스를 상징하는 GG 목걸이 장식만 만지작거렸다. 유감스럽게도 키클롭스 선생님의 말이 사실이었다. 키클롭스 선생님은 학기 초부터 상담하자고 했지만, 아프로디테는 바빠서 아직까지 가지 못했다.

'아니, 쇼핑하고 친구들이랑 노는 것과 방과 후에 선생님이랑 상담하는 것 중 어느 쪽이 더 재미있겠어? 당연한 거 아냐?'

아프로디테는 학생들이 모여 있는 쪽을 힐끗 쳐다보았다. 아이들은 아직도 창문과 출입문에 옹기종기 모여서 제우스 신을 쳐다보고 있었다. 어쩌면 모두 그쪽에 주의가 쏠려 있는 틈에 선생님을 설득할 수 있을 것도 같았다.

"선생님, 누구나 실수는 하잖아요."

아프로디테는 앞서 친구들이 했던 말을 했다. 혹시라도 다른 학생이 듣지 못하도록 목소리를 낮추는 것도 잊지 않았다.

"그리고 전쟁이란 말은 너무 센 표현 같아요. 트로이에서 생긴 일은 음…… 불행한 '사고'라고 봤으면 해요. 선생님께서 저희더러 각자 맡은 영웅이 용맹성을 드러낼 수 있도록 여러 방식으로 시험해 보라고 하셨잖아요. 그렇지 않으면 영웅도 그저 '평범한' 인간에 불과하다고요. 만약 제가 전쟁을, 아니, 그 사고를 일으키지 않았다면 영웅에게도 학생에게도 수업이 별다른 도전거리가 되지 않았을 거예요. 그렇죠?"

키클롭스 선생님은 한숨을 푹 쉬었다.

"영웅에게 도전거리를 주는 것과 전쟁을 일으키는 건 아주 다른 문제야. 아테나가 트로이 목마 아이디어를 내어놓아서 그나마 다행이었지. 그렇지 않았다면 '아직도' 전쟁 중일 거다. 아테나를 본받도록 하려무나. 공주 놀이 하는 데 쓰는 시간은 줄이고 공부 시간을 늘리도록 해."

"공주라고요?"

아프로디테는 길고 윤기 흐르는 금발을 휙 날리며 되물었다. 아프로디테의 두 눈동자에는 짜증이 가득했다.

'좀 전에 메두사도 그 소리를 하더니, 둘 다 나에 대해 잘 알지도 못하면서!'

"명심하렴. 여신의 행동은 인간이든 신이든 가릴 것 없이 주변 모두에게 영향을 미친단다. 지금 인간 세상은 물론, 올림포스 학교의 많은 이가 너를 달갑게 여기지 않아."

출입문 쪽에서 다시 요란한 소리가 들렸다. 제우스의 번개가 체육관 앞 해시계에 내리꽂힌 모양이었다.

키클롭스 선생님은 쉰 목소리로 말했다.

"봤지? 내가 말하는 게 바로 저거야!"

"제우스 교장 선생님 기분이 언짢은 게 제 탓이라고 짐작하시는 거예요?"

아프로디테는 문 쪽으로 고개를 돌렸다가 다시 키클롭스 선생님을 바라보았다. 그러나 선생님이 앉아 있던 자리는 텅 비어 있었다.

"이건 짐작이 아냐. 사실이지."

어디선가 키클롭스 선생님의 새된 목소리가 아주 작고 희미하게 들렸다.

'이런, 소리가 탁자 밑에서 나잖아!'

마지막 번개가 지금껏 내리친 번개보다 훨씬 가까이에 떨어지자 키클롭스 선생님은 너무 놀라서 정신이 없는 모양이었다. 아프로디테는 새하얀 식탁보 끝을 살짝 들어 올린 채 허리를 숙이고 선생님을 쳐다보았다. 키클롭스 선생님은 겁을 잔뜩 집어먹고 벌벌 떨며 말을 이었다.

"그리스 사람들은 네가 쓸데없이 간섭하고 나섰다가 트로이 전쟁을 일으킨 것에 대해 영 마뜩찮게

여기고 있어. 사람들이 널 거세게 지탄하는 소리가 제우스 교장 선생님한테도 전해졌지. 덕분에 나도 교장 선생님한테 엄청 혼났단 말이다! 교장 선생님의 심기가 언짢으면 자연스레 선생님인 우리 심기도 불편해지지. 그래서 네 성적이 그 지경인 거야!"

아프로디테는 움찔했다. 아무도 키클롭스 선생님의 목소리를 듣지 못했기를 바라며 필사적으로 물었다.

"선생님, 이러면 어떨까요? 제가 트로이 전쟁, 아니, 사고를 일으킨 걸 인간들이 너그럽게 받아들일 방법을 찾아낸다면요?"

아프로디테의 말에 키클롭스 선생님이 탁자 밑에서 기어 나와 다시 의자에 자리를 잡고 앉았다. 선생님은 두 팔을 탁자에 올려놓고 아프로디테를 빤히 바라보며 양쪽 손가락 끝을 톡톡 마주쳤다. 뭔가 구미가 당길 때 나오는 선생님의 버릇이었다.

"사회봉사 활동 프로젝트를 하겠다고? 그거 흥미로운 생각이구나. 어떤 걸 계획하고 있니?"

솔직히 아프로디테는 아무런 계획도 없었다. 한술 더 떠서 선생님이 말하는 '사회봉사 활동'이 어떤 걸 뜻하는지 감조차 오지 않았다. 그렇지만 아프로디테도 한 가지는 명확히 알고 있었다. 그것은 바로 인간은 여신이 자기들을 위해 어떤 일을 하는 걸 반긴다는 점이었다. 신이 무엇을 해 주면 인간은 자신이 특별한 존재라고 느꼈다. 아프로디테는 얼른 체육관 안을 훑어보았다. 키클롭스 선생님의 얼굴에는 웃음을, 아프로디테의 성적표에는 좋은 점수를 꽃피게 할 무언가를 생각해 내야 했다. 그때 마침 아프로디테의 눈에 페르세포네와 하데스의 모습이 보였다. 둘이 손을 꼭 잡은 모습을 보니 아프로디테는 자신이 사랑의 여신이라는 게 새삼스레 떠올랐다.

'내 재능인 사랑 맺어 주기 기술을 성적 올리는 데 쓰면 어떨까?'

아프로디테는 얼른 머리를 굴려 본 다음 입을 열었다.

"외로운 사람들이 짝을 찾을 수 있도록 '러브러브 클럽'을 만들게요!"

"흐음."

키클롭스 선생님은 아프로디테를 빤히 바라보며 외눈을 끔벅였다.

"글쎄다. 네가 메넬라오스 왕을 두고서 헬레네와 파리스의 인연을 맺어 주려던 시도는 완전히 재앙으로 끝났잖아. 이번이라고 뭐가 다르겠냐?"

"선생님, 재앙은 너무 센 표현이에요. 불행한 삼각관계 정도로 부르면 어떨까요? 게다가 메두사가 먼저 메넬라오스 왕을 헬레네와 사랑에 빠지게 한 걸 제가 무슨 수로 알겠어요? 따지자면 선생님께서 화를 낼 대상은 제가 아니라 메두사라고요."

"네가 충분히 주의를 기울이고 있었다면……."

아프로디테는 얼른 키클롭스 선생님 말에 끼어들며 말을 덧붙였다.

"사랑에 빠지는 것만큼 사람을 행복하게 하는 건 없잖아요."

키클롭스 선생님은 잠시 아프로디테를 찬찬히 바라보았다. 그러더니 다시 안경을 끼고서 아프로디테를 향해 몸을 숙였다. 선생님이 결론을 내린 모양이었다. 아프로디테는 숨을 죽이고 간절하게 희망을 불태웠다.

"좋아. 그 사회봉사 활동 프로젝트를 진행해 보렴. 네가 최선을 다하면 점수를 B로 올려 주마. 하지만 이번 주말까지 제대로 진행되지 않으면 그대로 D다."

아프로디테는 입이 떡 벌어졌다.

"방학 기간을 다 쓰라는 말씀이세요? 선생님, 이번 주는 영웅 주간이라고요! 친구들과 여행 가기로 했단 말이에요."

"마음대로 하렴."

키클롭스 신생님은 부슨 배부른 소리냐는 투였다.

"나도 네가 영웅학 수업을 또 듣게 되는 건 바라지 않아. 그리고 교장 선생님의 불쾌지수를 낮추기 위해서 무슨 수라도 써야 하니까 네게 기회를 주는 거란다."

아직도 아이들이 체육관 출입구에 모여 서서 불안해하고 있었다. 키클롭스 선생님은 그쪽을 가리켰다.

"제우스 교장 선생님의 저기압에 영향을 받는 건 인간과 선생님들만이 아니야. 학생들도 결국은 원인이 무엇인지 찾게 될 거다. 그러면 설사 그게 부당한 일이라 하더라도 결국 네게 비난이 쏟아질 거야."

아프로디테는 땅이 꺼져라 한숨을 쉬었다. '사회봉사 활동'을 하면서 방학을 보내는 건 꿈에도 생각해 보지 않은 일이었다. 하지만 성적을 올리고, 인간들과의 관계를 바로잡고, 다른 학생들로부터 제우스가 성질내는 데 대한 원망을 듣지 않으려면 별다른 수가 없었다.

"알겠어요, 선생님. 할게요. 그리고 너무 걱정 마세요. 파리스와 헬레네는 우연히 그렇게 된 거예요. 전 사랑의 여신이잖아요. 사람들 인연 맺어 주는 건 제가 가장 잘해요. 두고 보세요."

"네 열정이 부디 결과물로 이어지기를 바라마."

아프로디테는 키클롭스 선생님의 목소리에서 자신을 미더워하지 않는 낌새를 알아차렸다.

'키클롭스 선생님, 두고 보세요.'

체육관을 떠나 바깥으로 나서자 아프로디테는 긍정적인 마음이 퐁퐁 샘솟았다.

'방학 내내 이곳에 박혀 있어야 한다면 내가 가장 좋아하는 일을 할래. 바로 인연 맺어 주기 말이야.'

그런데 영웅 주간은 고작 닷새밖에 되지 않았다. 일을 시작하려면 우선 러브러브 클럽에 대한 홍보부터 해야 했다. 다행히 아프로디테는 그 일을 도울 수 있는 아이가 누구인지 정확히 알고 있었다.

'바로 소문의 여신 파마야.'

2 러브러브 클럽

"파마! 이리 와 봐!"

아프로디테는 뾰족뾰족한 주황색 단발머리 소녀를 향해 손을 흔들었다. 파마는 올림포스 학교 뜰에 있었다. 제우스 교장 선생님이 운동장과 체육관 너머로 모습을 감추자 폭풍도 차츰 잦아들다가 사라져 버렸다. 학교 뜰의 대리석 타일에는 제우스가 남기고 간 번개가 뾰족한 끝을 아래로 향한 채 군데군데 박혀 있었다. 아프로디테는 그 번개 곁을 빙 돌아서 파마를 향해 서둘러 걸었다. 길이가 아프로디테의 키만 한 번개는 아직도 찌릿찌릿 정전기를 띠고 있었다. 아프로디테가 지나가면서 보니 관리인 아저씨가 뜰을 따라 손수레를 밀고 다니며 바닥 타일,

덤불, 의자, 학교 벽에 박힌 작은 크기의 번개를 뽑고 있었다. 제우스 교장 선생님의 저기압이 더 길어졌다가는 학교가 다 부서질지도 모른다!

"내 말 좀 들어 봐."

아프로디테는 파마 곁에 도착하자마자 소식을 알렸다. 아프로디테가 어찌나 쉬지 않고 말을 줄줄 쏟아 냈는지 이야기 전체가 길고 긴 한 문장처럼 들렸다.

"내가 새로 러브러브 클럽을 시작하려고 하는데, 인간만을 위한, 그러니까 짝을 찾는 외로운 사람들을 위한 클럽이고, 사람들이 나한테 편지를 보내면 내가 그 사람들에게 꼭 맞는 짝을 찾아 주는 건데 말야, 파마, 이 소식이 퍼지도록 해 줄래?"

파마는 흥미가 돋는지 눈을 반짝반짝 빛내며 대답했다.

"당연하지! 내가 똑바로 이해했는지 확인만 해 보자. 그러니까 네가 아이러브 클럽을 시작할 작정이니 다 함께 모여 사랑에 대해 말하고 싶은 사람들이 너한테 편지를 썼으면 한다는 거지?"

파마가 말할 때마다 입에서 낱말이 작은 연기 글자가 되어 퐁퐁 솟아올랐다. 이 연기 글자 때문에 파마는 소문을 더 손쉽게 퍼뜨릴 수 있었다. 소문을 들려줄 뿐만 아니라 둥실둥실 떠다니는 글자로 보여 줄 수도 있으니까!

"아니야! 러브러브 클럽이라니까. 사랑할 짝을 '찾고자' 하는 사람들을 위한 클럽이란 말이야. 잠깐만, 내가 아예 써 줄까?"

아프로디테는 파마의 오해를 바로잡아 주면서 두루마리 공책과 빨간 깃털 펜을 꺼내려 가방에 손을 넣었다. 그러나 파마는 이미 달려 나간 뒤였다.

"됐어."

파마가 어깨 너머로 소리쳤다.

"이제 정확히 알아. 벌써 이야기를 전할 아이들이 보이네."

아프로디테는 한 무리의 여신이 모여 있는 걸 보았다. 아무래도 파마는 그쪽으로 달려가는 것 같았다.

"파마, 내 클럽은 불멸의 존재를 위한 게 아니야!"

"나도 알아, 안다고! 하지만 네가 방학 동안 뭘 할 건지 내가

내가 가장 먼저 소문을 퍼뜨려야 해!

가장 먼저 학교에 소문을 퍼뜨려야 한단 말이야. 안 그러면 난 죽어 버릴지도 몰라!"

아프로디테는 목청 높여 대답했다.

"인간 세상에 사는 인간들에게도 꼭 알려 줘야 해! 가능한 빨리 편지를 보내라고 해 줘."

"알았어! 조금 있다가 헤르메스 택배 전차를 탈 거야."

아프로디테는 어쩐지 조마조마한 기분으로 파마를 지켜보았다. 파마는 뜰 중간 즈음에 멈춰 서더니 갑자기 방향을 바꾸어 두 소년 신의 대화에 끼어들었다. 파마가 이야기를 마치자마자 두 소년 신은 대번에 아프로디테 쪽을 휙 바라보았다. 곧이어 파마는 두 소녀 신을 향해 달려갔다. 잠시 후 그 아이들도 아프로디테를 쳐다보더니 뭐라고 속삭이기 시작했다. 아이들은 모두 아프로디테가 왜 방학 동안 그런 일을 하려는 건지 의아해하는 게 분명했다.

'흠, 누가 물어볼 때를 대비해서 뭔가 좋은 구실을 생각해 둬야겠어.'

파마가 또 움직였다. 이 무리 저 무리로 뛰어다니는 모습이 꼭 벼룩이 톡톡 뛰는 것 같이 보였나. 아프로디테는 부디 파마가 소식을 정확하게 전하기만 바랄 뿐이었다. 파마가 끼어들면 가끔씩 사실이 왜곡될 때가 있었다. 하지만 파마는 자신이 알게 된 내용을 달리는 전차에 올라탄 전령보다 더 빨리 퍼뜨렸다. 아프로디테 역시 전교생이 자신의 D 학점을 알기 전에 성적을 바꾸려면 파마만큼 빨리 행동해야 했다.

아프로디테는 돌아서서 학교 뜰 너머에 있는 올리브 과수원으로 향했다. 거기서 가디스 걸스 친구들과 만나 소풍 겸 방학 동안 떠날 여행 계획을 짜기로 했다. 하지만 이제 아프로디테는 그 계획에서 빠져야 한다.

'아, 친구들에게 나쁜 소식을 전하고 싶지 않은데.'

아테나와 페르세포네는 올리브나무가 빙 둘러싸고 있는 빈터에 자리를 깔고 앉아 있었다. 아르테미스는 둘 사이에 엎드려 있고, 아르테미스의 사냥개들은 수풀 사이를 신 나게 돌아다니거나 끊임없이 통통 튀도록 마법을 걸어 둔 뼈 모양 공을 쫓아다녔다. 자리 끝에는 점심 바구니가 놓여 있는데 세 여신은 이미 암브로시아 샌드위치를 냠냠 먹으며 넥타르를 홀짝이고 있었다.

암브로시아와 넥타르는 신들이 배를 채우고 목을 축이는 음식과 음료수일 뿐만 아니라, 몸이 은은히 빛나도록 만들어서 더 아름답게 보이게 하는 역할도 했다.

아테나, 페르세포네, 아르테미스는 자리 가운데에 여행 안내 책자와 지도를 잔뜩 늘어놓고서 이것저것 바쁘게 살펴보고 있었다. 문득 아테나가 고개를 들고 아프로디테를 보았다.

"아프로디테! 때 맞춰 왔네. 얼른 와서 방학 때 어디로 여행 갈지 결정하자."

아프로디테는 친구들과 함께 자리에 앉아 파피루스 안내 책자 하나를 펼쳐 들었다.

'오, 이런! 이번 주에 로마에서 패션쇼가 열리잖아.'

그러나 안타깝게도 아프로디테는 갈 수가 없었다.

아테나는 열심을 내며 또 다른 안내 책자를 펼쳐서 모두가 볼 수 있게 자리 가운데에 내려놓았다.

"난 베니스에 있는 이 박물관에 한 표 던질래. 여기 도자기 그릇과 항아리 좀 봐!"

"항아리?"

아르테미스는 인상을 찌푸리며 되물었다.

"이번 학기 내내 공부는 실컷 했잖아. 방학 때는 그냥 즐겼으면 좋겠어. 게다가 박물관에는 개를 데리고 들어갈 수 없잖아 말이야."

사냥개 중 한 마리가 아이들 쪽으로 타박타박 걸어왔다. 제우스(Zeus)의 이름을 거꾸로 써서 수에즈(Suez)라 이름 붙인 블러드하운드였다. 아르테미스는 수에즈의 등을 가볍게 쓰다듬어 주었다.

"좋아, 그럼 아르테미스 넌 어디를 생각하는데?"

아테나가 묻자 아르테미스는 얼른 키톤 호주머니에서 꼬깃꼬깃한 종이 넉 장을 꺼냈다.

"짜잔! 로마 콜로세움에서 열리는 시합 입장권이야. 보통은 전차 경주가 열리는데, 이번엔 경기장에 물을 채우고 진짜 배를 띄워 시합을 한대! 상상이 되니?"

곁에 있던 페르세포네가 한숨을 폭 쉬었다.

"지난 해 영웅 주간에도 콜로세움에 갔잖아. 이번에는 어디 경치 좋은 곳에 가서 구경을 하면 어떨까?"

페르세포네는 꽃 그림이 그려진 안내 책자를 집어 들었다.

"이 꽃 박람회에 가 보자. 여러 종류의 튤립을 볼 수 있어."

그러자 아테나가 꺼림칙한 듯이 물었다.

"또 꽃 박람회에 가자고? 음, 있잖아, 페르페포네. 아름다운 꽃을 보는 건 물론 좋은 일인데, 몇 달 전에 우리 모두 데메테르 여신과 함께 인간 세상으로 내려가 꽃 박람회에 다녀왔잖아."

페르세포네는 책자를 툭 떨어뜨렸다.

"좋아. 하지만 우린 내일 떠나야 해. 어디든 결정을 내려야 할 거 아냐!"

아르테미스가 의견을 내어놓았다.

"그럼 제비뽑기로 정할까?"

페르세포네가 대꾸했다.

"제비 불러오는 시간이 더 걸리겠어."

그러자 아테나가 물었다.

"아프로디테, 좋은 생각 없니?"

아프로디테는 들고 있던 패션쇼 안내 책자를 살며시 내려놓았다.

"미안해. 난 못 갈 것 같아."

아프로디테의 말에 친구들이 경악하며 아프로디테를 쳐다보았다.

"아니, 왜?"

페르세포네가 물었다.

"학교에 남아 있으려고."

아프로디테는 실망한 티를 내지 않으려고 일부러 더 밝은 척했다.

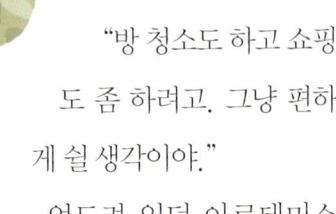

"방 청소도 하고 쇼핑도 좀 하려고. 그냥 편하게 쉴 생각이야."

엎드려 있던 아르테미스가 벌떡 일어나 앉았다.

"말도 안 돼. 네 방은 이미 너무 깨끗해서 난 그 방에 발만 디뎌도 미끄러질 지경이라고."

아테나도 거들었다.

"그리고 넌 거의 매주 쇼핑을 가잖아."

페르세포네도 나섰다.

"그래, 아프로디테, 무슨 일이니?"

아프로디테는 친구들에게 거짓말을 하고 싶지 않았다. 그래서 밝혀도 될 것 같은 이야기만이라도 들려주기로 했다.

"사실은 나 여기 남아서 러브러브 클럽이란 걸 시작하려고 해. 인간들을 위해서."

"엉? 왜?"

아테나가 물었다.

아프로디테는 대답을 못 하고 쩔쩔매며 친구들을 멀뚱멀뚱

바라보았다. 클럽을 시작하려는 진짜 이유를 말할 수는 없었다.

'영웅학 성적이 D라서 추가 점수를 얻기 위한 프로젝트를 한다고 어떻게 말해?'

페르세포네가 머뭇머뭇 미소를 짓더니 말을 꺼냈다.

"사람들은 늘 우리를 숭배하잖아. 그런 사람들을 위해 네가 뭔가 해 준다니 멋진 생각 같아."

"그래. 훌륭한 생각이긴 해."

아르테미스는 얼른 말을 덧붙였다.

"하지만 꼭 방학 때 할 필요는 없잖아!"

아테나가 다시 물었다.

"아프로디테, 너 혹시 우리가 내놓은 휴가 계획이 마음에 안 들어서 그런 거니?"

아테나는 안내 책자를 잔뜩 집어 들더니 아프로디테에게 내밀었다.

"그럼 네가 고르도록 해. 어서. 정말로 방학 내내 학교에서 지내고 싶은 건 아닐 거 아냐. 아빠의 짜증 때문에 모두 힘들어하고 있는걸."

아르테미스가 옆에서 고개를 끄덕였다.

"맞아, 맞아. 비 때문에 활쏘기 연습이 벌써 세 번이나 취소되었다고."

아프로디테도 맞장구를 쳤다.

"하긴 요즘 들어 학교가 영 우울하게 돌아가는 건 사실이야."

그러자 페르세포네가 대꾸했다.

"때로는 우울한 분위기도 나쁘지 않아."

페르세포네는 남자 친구 하데스가 지하 세계에 살고 있어서 가끔씩 그곳을 방문했다. 하긴 우울하기로 따지자면 지하 세계보다 더한 곳이 어디 있겠는가?

"이제 번개 피하기 놀이 하는 것도 지쳐."

아르테미스는 아테나를 휙 쳐다보며 물었다.

"도대체 너희 아빠 왜 그러신다니? 혹시 뭐 아는 거 없어?"

그 말에 아프로디테는 바싹 얼어붙어 아테나의 대답을 기다렸다.

'혹시 교장 선생님의 기분이 저기압인 게 내가 영웅학 시간에 일으킨 전쟁, 아니, 사고 탓인 걸 알고 있을까?'

그러나 아테나는 고개를 푹 숙인 채 키톤의 반짝이는 금 허리띠 끝만 만지작거렸다.

"글쎄, 나도 몰라."

아테나는 어깨를 으쓱하더니 아프로디테를 쳐다보았다.

"아프로디테, 우리랑 같이 여행 갈 거지? 너 없는 여행은 상상이 안 돼."

아테나가 너무 슬퍼 보여서 아프로디테는 가슴이 무너지는 것 같았다. 또 한편으로는 아프로디테가 학교에 남는다면 친구들이 자신을 보고 싶어 할 거라는 이야기를 들으니 마음이 든든하기도 했다.

'그냥 친구들이랑 여행을 가야겠어. 어차피 인간들은 나한테 실망해 있는걸 뭐. 그런 판국에 가디스 걸스 친구들까지 실망시킬 수는 없잖아!'

아프로디테가 가겠다는 대답을 하려고 입을 열었다.

우르릉 쾅!

별안간 가까이에서 어마어마한 우렛소리가 울리는 통에 네 여신 모두 뛸 듯이 놀랐다.

아르테미스가 말했다.

"오, 이런. 우리 저기압 교장 선생님께서 산책을 마치고 돌아오신 모양이야."

사냥개들이 우렛소리에 겁을 먹고서 낑낑대며 자리 밑으로 파고들자 아르테미스가 한마디를 더했다.

"얼른 튀는 게 좋겠어!"

아프로디테는 제우스의 기분이 언짢은 이유가 새삼 떠올랐다. 아무래도 그건 아프로디테가 영웅학 시간에 파리스와 헬레네를 두고 저지른 실수 때문일 가능성이 높았다.

'러브러브 클럽 계획을 진행해야 해. 부디 결과가 키클롭스 선생님 마음에 들어야 할 텐데…….'

아프로디테는 속으로 다짐하며 아테나와 페르세포네를 도와서 안내 책자를 모으고 자리를 정돈했다.

'친구들과 함께 방학을 보낼 기회는 앞으로 또 있을 테니까.'

아르테미스가 도시락 바구니를 집어 들고서 개들을 진정시키는 사이 아프로디테가 말을 꺼냈다.

"이런, 내가 자꾸 분위기를 나쁘게 만드는 것 같네. 난 방으로 먼저 돌아갈게."

그러자 페르세포네가 물었다.

"정말 그렇게 마음먹은 거야? 우리랑 같이 불멸 쇼핑센터에 가서 다른 여행 책자 살펴보지 않을래?"

아프로디테는 순간 망설였지만 이내 고개를 가로저었다. 여행 책자를 보면 마음이 흔들릴 것 같았다.

빗방울이 후드득 떨어지자 네 여신은 가방에서 우산을 꺼내

펼쳐 들었다. 아프로디테의 우산은 하얀 바탕에 분홍 하트 그림과 진짜 다이아몬드가 장식되어 있고, 아르테미스의 우산은 빨간 바탕에 반짝이는 루비 목걸이를 한 개가 검은색 실루엣으로 그려져 있었다. 페르세포네의 우산은 가운데에 반짝이는 사파이어가 박힌 꽃 그림이 있고, 아테나의 우산은 철학자들의 명언과 함께 에메랄드 장식이 달려 있었다. 모두 제우스 신이 본격적으로 폭풍을 몰고 다닐 즈음 아프로디테가 직접 골라서 친구들에게 선물한 것이었다.

 아프로디테는 문득 아테나의 우산에 쓰인 문구가 눈에 띄었

다. 유명한 그리스 철학자 플라톤의 말이었다.

사람은 사랑할 때 누구나 시인이 된다

아프로디테는 혼자서 살포시 웃었다. 정말 맞는 말이었다.
"얘들아, 떠나기 전에 내 방에 들러서 어디로 가기로 했는지 알려 줘. 알았지?"
"진짜 우리랑 같이 안 갈 거야? 쇼핑센터도, 여행도?"
아테나가 페르세포네, 아르테미스와 함께 날개 샌들의 끈을 풀며 물었다.
느닷없이 아프로디테의 눈에 눈물이 차올랐다. 아프로디테는 울지 않으려고 입술을 꼭 깨물며 고개를 흔들었다. 적어도 친구들이 아프로디테가 학교에 남으려는 이유를 더 묻지 않은 걸 위로로 삼았다. 아프로디테는 웅얼웅얼 대답했다.
"난 그냥 빼 줘. 모두 즐거운 시간 보내."
그 말을 마치자마자 아프로디테는 빗속을 지나 학교 건물로 달려갔다. 학교 뜰에 다다르자 아프로디테는 슬쩍 뒤를 돌아보았다. 친구들이 날개 샌들을 신고 반대편으로 내려가는 모습이 보였다.

뜰 곳곳에 나와 있던 학생들이 비를 피할 수 있는 곳으로 뛰어 들어가더니 우산을 펼쳤다. 제우스 신이 언제 또 갑자기 폭풍을 일으킬지 몰라서 요즘 올림포스 학교 학생들은 모두 우산을 가지고 다녔다. 학교 건물에 들어가자 아프로디테는 우산을 흔들어 빗물을 털어 내고서 계단을 올라 4층에 있는 자기 방으로 향했다.

방에 도착하자 아프로디테는 기운을 북돋기 위해 곧바로 일을 시작하려고 책상에 앉아 깃털 펜과, 잉크 병, 그리고 편지지 크기의 분홍색 파피루스 스무 장을 꺼냈다.

'이걸로 모자랄지도 몰라.'

아프로디테는 다시 파피루스를 열 장 더 꺼냈다. 그런 다음 향수병을 들고 한 장 한 장 정성스럽게 향수를 뿌렸다.

'아, '여신의 성수' 향은 정말 감미로워!'

여신의 성수는 아프로디테만의 개인 향수로 지난 학기 미모학 수업 때 페르세포네의 도움을 받아 만든 것이었다.

이제 아무 때든 외로운 사람들의 편지가 마법 바람 아이올로스, 보레아스, 노토스, 제피로스 중 하나를 통해 도착할 터였다. 이 마법 바람은 늘 갑작스럽게 휙 불어와 신들의 우편물을 전하거나 받아 갔다. 보통은 바람이 창문을 통해 들어와 우편물을 떨어뜨려 놓고 가는데, 이번에는 아무래도 편지가 엄청나게 쏟아질 듯하여 아프로디테는 우편함을 마련하기 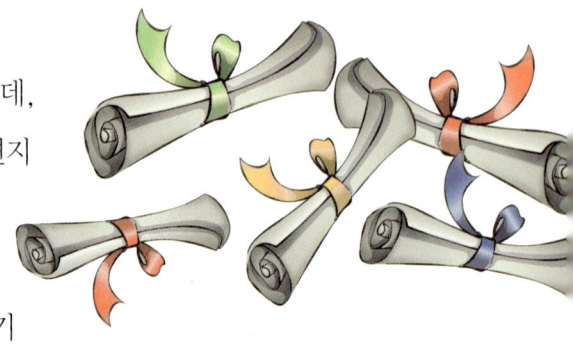 로 했다. 그렇지 않으면 편지가 방바닥에 수북하게 쌓여 나뒹굴지도 몰랐다.

아프로디테는 얼른 2층에 자리한 공예학 교실로 내려가 벽장문을 열었다. 선반에 가위, 테이프, 자, 종이판, 반짝이, 물감, 찰흙, 다양한 크기와 모양의 상자가 죽 놓여 있었다. 아프로디테는 먼저 중간 크기의 상자를 골랐다가 아무래도 작을 것 같다는 생각에 높이가 허리까지 올라오는 큰 상자를 골라 작업을 시작했다.

한 시간 후, 아프로디테는 상자 장식을 마치고서 다시 기숙사 계단을 올랐다.

"그건 뭐야?"

누군가 호기심 가득한 목소리로 말을 걸었다.

아프로디테는 세 번째 계단에 멈춰 선 채 들고 있던 상자 너머를 쳐다보았다. 아테나의 룸메이트인 판도라가 계단을 내려오고 있었다. 넘치는 궁금증을 나타내기라도 하듯이 판도라의 이마에는 금색과 파란색이 섞인 앞머리가 물음표 모양을 그리고 있었다.

"응, 이건 우편함이야."

아프로디테는 상자를 돌려서 옆면의 '러브러브 클럽'이라는 반짝이 글자를 보여 주었다.

"아프로디테, 너 클럽을 시작했니?"

"응."

아프로디테는 판도라 곁을 지나 계단을 계속 올라갔다. 판도라의 질문은 그치는 법이 없기 때문에 적당히 도망치지 않으면 그 자리에 하루 종일 묶여 있어야 할지도 몰랐다. 그러나 불행히도 판도라가 뒤돌아서더니 아프로디테를 따라왔다.

"누가 대상이야? 회원은 몇 명이나 되니?"

아프로디테는 계단에 서 있는 메두사를 보고 반가운 마음이 들 지경이었다. 메두사는 여느 때처럼 뚱한 표정을 짓고 있었지만 상관없었다. 메두사의 눈길이 대번에 상자의 반짝이는 글자를 훑었다. 아프로디테는 메두사를 향해 방긋 웃었지만, 판도라는 서둘러 가방에서 연두색 특수 안경을 꺼내 썼다. 인간 학생늘은 메두사와 눈을 마주쳤다가는 돌로 변하기 때문에 눈을 가려야 했다. 아테나는 뜻하지 않게 그 문제가 생긴 데 한 수 거든 입장이라 올림포스 학교의 인간 학생들을 위해서 인간이 메두사와 눈을 마주쳐도 돌로 변하지 않는 '스톤글라스'를 발명했다. 이제 인간 학생들은 메두사와 마주쳐도 스톤글라스를 끼면 안전했다.

"사람들이 짝을 찾을 수 있도록 돕는 클럽을 시작할 거야."

아프로디테가 말을 꺼내자 메두사가 팔짱을 턱 끼며 의심스러운 듯이 물었다.

"오, 그래? 뭣 때문에?"

아프로디테는 얼른 대답했다.

"그냥 재미 삼아."

인간이 올림포스 학교에 다니는 경우는 매우 드물지만, 어쨌거나 판도라와 메두사도 인간이었다.

'얘들이 클럽에 가입하려 들면 안 되는데. 설마 내가 그렇게까지 운이 없지는 않겠지!'

판도라와 메두사가 더 질문을 던지기 전에 아프로디테는 서둘러 방으로 돌아왔다.

방에 들어선 순간 아프로디테의 눈이 휘둥그레졌다. 창문 아래 바닥에 두루마리 편지가 다섯 통이나 떨어져 있었다.

'어머나! 사람들이 이렇게나 내 도움을 바라다니. 키클롭스 선생님이 생각하는 것처럼 사람들이 나한테 그렇게 화가 나 있진 않나 보네.'

아프로디테는 저절로 흥이 났다. 어쩌면 이 사회봉사 활동이란 게 아주 손쉽게 해결될 수도 있을 것 같았다.

아프로디테는 편지를 집어 들고 새로 만든 우편함을 창문 아래에 내려놓았다. 그런 다음 침대에 앉아 은으로 된 편지용 칼을 써서 두루마리를 하나씩 열어 펼쳤다. 처음 세 편지는 모두 아프로디테를 짝사랑하는 남학생들이 보낸 것이었다. 아프로디테는 기운이 쑥 빠졌다. 남학생들은 늘 아프로디테의 관심을 끌기 위해 안달이라 이런 식의 연애편지를 받는 건 대수롭지 않았다. 세 남학생 모두 아프로디테의 아름다움을 칭찬하고 있었지만, 슬기로움이라든가 여타 다른 면에 대해서는 한마디도 없었다.

'애들은 내가 미모 말고는 아무것도 없다고 생각하는 걸까? 흥, 그렇다면 완전 잘못 생각하는 거야. 내가 아니라는 걸 증명해 보여 주지!'

그러나 네 번째 편지는 훨씬 더 실망스러웠다. 반은 곰이고, 반은 인간인 거인 아그리우스라는 자가 아테나의 클럽에 들어오기를 바라고 있었다. 편지 내용인즉슨, 자신은 여러 아가씨들, 특히 달콤한 여인과 만나기를 바란다는 것이었다.

'흥! 날 순 바보로 생각하는 건가? 내가 편지 뒤에 숨은 속내를 못 읽을 줄 알고? 곰 인간들이 여자들을 잡아먹는다는 건 모두가 아는 사실인걸.'

아프로디테는 아그리우스의 편지를 그대로 쓰레기통에 던져 버렸다.

'난 클럽 회원들의 짝을 찾아 주려는 거지 저녁거리를 대령해 주려는 게 아니라고!'

아프로디테는 마지막 편지를 열었다. 부디 사랑을 찾게 해 달라는 요청이 들어 있기를 바랐다. 그러나 웬걸, 이번에는 수수께끼가 쓰여 있었다!

총명함 넘치는 그대여.
외로운 사람을 돕네요.
새 클럽 행운을 빌게요.
그댈 좋아하는 난 누굴까요?

'어머나, 멋져라! 적어도 한 사람은 내가 똑똑하다고 생각하

는구나.'

아프로디테는 파피루스에서 찌르르한 마법의 힘을 느꼈다. 그렇다면 수수께끼를 보낸 자는 신일 확률이 높았다. 아프로디테는 편지로 살살 부채질을 하며 머릿속으로 누가 보냈을지를 가늠해 보았다.

'헤파이스토스인가? 예전에 나한테 똑똑하다고 했잖아.'

아프로디테는 아무쪼록 헤파이스토스가 저번처럼 자신에게 빠지는 일이 없기를 바랐다. 헤파이스토스를 두 번이나 거절해서 상처를 주고 싶지 않기 때문이었다. 며칠 전만 해도 아프로디테는 헤파이스토스가 자신이 소개해 준 아글라이아와 손을 꼭 잡고 걸어가는 모습을 보았다.

'둘이 아주 행복해 보였는데. 혹시 헤어졌나?'

아프로디테는 창문으로 다가가 바깥에 있는 해시계를 확인했다. 정오였다. 지금쯤이면 파마가 인간 세상에 내려가 한참 러브러브 클럽에 대해 소문을 퍼뜨리고 있을 터였다. 아프로디테는 이미 잘 정돈된 방을 또 정리하고, 하트 모양 쿠션을 폭신폭신하게 부풀리며 사람들이 그 소식을

들고 얼마나 들뜰지 상상했다.

'사람들이 도와 달라고 줄을 설 거야. 누구나 사랑을 원하잖아, 안 그래?'

하지만 시간이 흘러도 편지가 새로 오지 않았다. 아프로디테는 손톱을 다듬고, 옷장을 정리하고, 〈십 대들의 두루마리〉 잡지 최신호를 읽었다. 이번 호에는 '올림포스 최고 매력남(당연히 하데스가 1등이었다.)', '답 없는 머리를 위한 해결책 다섯 가지(이 기사에는 메두사의 모습이 삽화로 들어 있었다.)' 같은 기사가 잔뜩 들어 있었다. 그리고 '남자들이 정말 바라는 것은?'이라는 설문이 있었다. 설문을 보자마자 아프로디테는 번쩍 떠오르는 생각이 있었다.

'나도 클럽 회원에게 보낼 질문지를 만들어야겠어. 일단 회원이 한 명이라도 생겨야겠지만.'

회원들이 답한 정보를 보면 짝을 찾는 데 훨씬 효과적일 것 같았다. 아프로디테는 책상에 앉아 바로 질문지를 만들기 시작했다.

질문지를 완성한 후, 복사본을 10부 만들고 나니 두어 시간이 훌쩍 가 버렸다. 그러나 그 사이에도 편지가 한 통도 오지 않았다. 점점 아프로디테는 예상보다 인간들이 자신에게 훨씬 더 화가 나 있는 게 아닐까 하는 생각이 들었다.

'나한테 너무 짜증이 나서 도와주겠다는 말을 믿지 않나 봐! 아니면 파마가 소문을 제대로 전하지 않았거나. 아무래도 확인을 해 봐야겠어.'

아프로디테는 창문으로 가서 곱게 말린 짙은 속눈썹을 살포시 감았다. 그런 다음 정신을 집중해 좋아하는 새의 모습을 떠올렸다. 계속 새를 생각하자 아프로디테의 몸이 점점 더 가벼워지고 작아지더니 에메랄드 빛깔 깃털이 솟아오르고, 팔이 날개로 변했다. 잠시 후 아프로디테는 잉꼬로 변해 있었다! 아프로디테는 섬세한 날개를 파닥이며 날아올라 창문을 넘어 밖으로 나갔다. 그러고는 자유롭게 바람을 타며 구름을 뚫고서 인간 세상으로 내려갔다.

이윽고 아프로디테는 한 무리의 그리스 사람들이 배꼽을 잡고 웃고 있는 모습을 발견했다.

'무슨 농담이 그렇게 재미있는 걸까?'

궁금증이 일어난 아프로디테는 아래로 쌩 내려가서 사람들 머리 위 삼나무 가지에 앉아 이야기를 엿들었다. 한 젊은 청년이 말을 꺼냈다.

"그 소식 들었어? 아프로디테 여신이 로봇 러브 클럽을 시작한다더라. 로봇을 사랑하는 클럽이래. 그런데 로봇이 대체 뭐야? 난 처음 듣는데?"

아프로디테는 당황스럽기 짝이 없었다.

'오, 신이시여! 파마가 엉뚱한 소문을 낸 게 틀림없어. 어쩐지 아무도 편지를 보내지 않더라니! 세상에 로봇이라는 게 어디 있냐고.'

이번에는 듣고 있던 다른 청년이 대꾸했다.

"아냐! 내가 듣기로는 러브레터 클럽이라고 누가 가장 많은 연애편지를 보내는지 겨루는 모임이라던데?"

그러자 곁에 서 있던 여자가 반발하고 나섰다.

"둘 다 틀렸어! 내가 들은 바에 의하면 러브 나르 클럽이라고 나르키소스를 사랑하는 사람들의 모임이래."

맨 처음 말을 꺼낸 청년이 다시 말을 받았다.

"무슨 상관이야? 내 평생 그렇게 바보 같은 클럽은 처음 들어본다니까!"

사람들은 다시 깔깔깔 웃음을 터뜨렸다.

잉꼬로 변신한 아프로디테의 작은 뺨이 창피함에 분홍빛으로 물들었다.

'파마가 제대로 전할 거라 믿은 내 잘못이지.'

아프로디테가 지켜보던 세 사람 곁에 다른 이들이 모여들면서 클럽에 대한 농담이 또 되풀이되었다. 사람들의 비웃음 소리가 날카로운 화살이 되어 아프로디테의 귀를 찔렀다. 아프로디테의 상처 입은 마음에 분노가 화르르 일었다.

'감히 인간들이 날 비웃어? 난 여신이라고! 내가 복수하려 들면 어쩌려고 그러는 거야?'

아프로디테는 인간을 쥐나 벌레나 심지어 버섯으로 바꾸어 버릴 힘을 가지고 있었다. 그러나 아프로디테가 복수를 감행하면, 사람들의 화만 더 돋울 뿐 러브러브 클럽에는 들어오려고도 하지 않을 것이다. 그렇지 않아도 아프로디테를 곱지 않은 시선으로 보고 있는데 그런 행동은 더 나쁘게 보일 테고, 아프로디테의 클럽에 대한 농담은 바람 부는 날의 산불처럼 더 빠르게 퍼져 나갈 게 분명했다.

'안 돼. 굳이 그럴 필요 없지.'

올림포스 학교로 돌아가는 동안 아프로디테는 마음이 너무 무거워서 날 수 있는 게 신기할 정도였다. 만약 인간 세상에 아프로디테가 영웅학 성적으로 D를 받았다는 소식이 퍼지기라도 하면, 사람들은 아프로디테가 숭배를 받기에는 너무 멍청하다고 생각하게 될지도 몰랐다. 솔직히 아프로디테는 혹시 사람들의 생각이 맞는 게 아닐까 하는 의문이 들기도 했다. 하지만 몇 시간 전에 받은 수수께끼 편지가 떠올라 어느 정도 마음의 위로를 얻었다.

'올림포스 학교 학생 중 내 단짝들 말고 적어도 한 사람은 내가 똑똑하다고 생각하잖아. 비록 그 학생이 누구인지 모르지만 말이야.'

아프로디테는 날갯짓을 하며 하늘 높이 날아올라 구름을 뚫고 올라갔다. 멀리 올림포스 학교가 그리스에서 가장 높은 산에 자리한 채 햇빛을 받아 번쩍이고 있었다. 아프로디테는 그 광경을 볼 때마다 감탄하지 않을 수 없었다. 흰 대리석으로 지어진 5

층 높이의 올림포스 학교는 이오니아식 기둥으로 둘러싸여 있고, 지붕 밑에 신들의 위업이 멋진 돋을새김으로 조각되어 있었다. 그런 장엄한 광경을 보고도 미소 짓지 않기란 어려운 일이라, 아프로디테는 자연스럽게 부리 끝이 위로 싹 올라갔다.

방에 도착한 아프로디테는 창턱에 내려앉자마자 깃털 달린 머리를 우편함에 밀어 넣었다.

'앗, 새 편지다!'

아프로디테는 부리로 편지를 지그시 물었다. 편지에서 마법이 느껴지지 않는 것으로 미루어 인간에게서 온 것이었다.

'드디어 왔어! 부디 진정한 사랑을 찾는 사람이 보낸 편지였으면!'

3 편지

 아프로디테는 얼른 여신의 모습으로 돌아와 창틀에서 폴짝 뛰어내렸다. 그러고는 곧바로 우편함에서 두루마리 편지를 꺼냈다. 둘둘 말린 편지를 펼치자마자 아프로디테는 그 편지가 '반쪽'뿐이라는 걸 깨달았다. 아마도 인간 세상에서 올림포스 학교로 배달되던 중에 찢어진 모양이었다.
 '이런!'
 우편함을 다시 샅샅이 살펴보았지만 안은 텅 비어 있었다.
 '나머지 반쪽은 어디에 있는 거지?'
 받는 사람 주소에 '러브러'라고 쓰여 있었다. 따라서 사라진 글자는 '브 클럽'일 터였다.

'휴, 그래도 내 클럽에 관한 홍보를 제대로 전해 들은 사람이 '한 명'은 있나 보네! 그런데 없어진 글자가 이렇게 많은데 어떻게 나한테 배달이 되었을까?'

편지에 쓰인 내용을 알아보기란 불가능했다. 무슨 내용인지 파악하려면 아무래도 엄청나게 똑똑한 이의 도움이 필요할 것 같았다. 아프로디테는 방문을 휙 열어젖히고 복도를 달려 아테나의 방으로 갔다. 그런데 아무리 방문을 두드려도 아무런 반응이 없었다.

'내가 인간 세상에 다녀오는 동안 벌써 여행을 떠나 버린 건가? 아냐, 떠나기 전에 내 방에 들르겠다고 약속했으니까 최소한 메시지라도 남겼을 거야.'

아프로디테는 다시 복도를 달려서 자신의 방을 지나 바로 옆 아르테미스의 방문을 두드렸다. 아르테미스의 사냥개들이 짖어 대는 소리가 이렇게 기분 좋게 들린 적은 처음이었다. 방에 개가 있다는 건 아직 친구들이 떠나지 않았다는 뜻이기 때문이었다. 아니나 다를까 문이 열리더니 아르테미스가 고개를 내밀었다.

"어, 아프로디테. 어서 들어와. 짐 싸던 중이야."

아프로디테는 어질러진 방 안을 물끄러미 바라보았다. 개 사

료와 간식 봉지에 개 장난감, 개 담요, 개에 관한 책이 바닥에 굴러다니고, 사냥개 세 마리는 아르테미스의 어질러진 침대 맞은편 침대에 앉아 아프로디테를 말똥말똥 쳐다보고 있었다.

아프로디테는 안도의 한숨을 내쉬며 말했다.

"휴, 난 너희가 벌써 떠났나 싶어서 걱정했어. 아테나는 어디에 있니?"

"아마 페르세포네랑 같이 학생 식당에 있을 거야. 나도 이제 막 내려가려던 참이었어. 어디로 여행 갈지 결국 결정을 못 해서 저녁부터 먹고 나서 동전 던지기를 해서 정하기로 했어. 어디든 정해지면 내일 아침에 떠날 거야."

"나도 아직 식사 안 했는데. 아르테미스, 같이 갈까? 지금 갈래?"

아프로디테가 서두르자 아르테미스는 내심 놀라는 눈치였지만 이내 기분 좋게 어깨를 으쓱하며 대답했다.

"그래, 그러자."

이어서 아르테미스가 사냥개들에게 지시했다.

"얘들아, 낮잠 좀 자고 있어."

개들이 늘어지게 하품을 하고 눈을 감자 아르테미스는 방문을 닫고 나왔다.

아프로디테와 아르테미스는 곧장 식당으로 향했다. 식당에는 학생들이 평소의 반 정도밖에 없었다. 많은 학생이 방학을 맞아 여행을 떠났기 때문이다. 아테나와 페르세포네는 늘 앉는 식탁에 앉아 있었다.

"그게 뭐야?"

아테나가 아프로디테의 손에 있는 두루마리 조각을 보고 물었다. 그러자 아프로디테는 편지를 쓱 내밀며 답했다.

"짝을 찾는 사람으로부터 온 편지야. 반쪽뿐이지만."

대번에 아르테미스가 키득거리며 농담을 했다.

"가슴이 '찢어지는' 사연인가 본데."

아프로디테는 친구들이 다 볼 수 있도록 식탁에 두루마리를 펼쳤다.

"내 도움을 바라는 사람이 쓴 것 같아. 여기 보여?"

아프로디테는 '러브러'라는 글자를 가리켜 보였다.

"이건 틀림없이 '러브러브 클럽'이라는 글자였을 거야."

그러자 페르세포네가 말했다.

"흠. 마법 바람이 네 클럽에 대한 '풍문'을 듣고 없어진 부분이 뭔지 짐작해서 배달해 줬나 봐."

아프로디테는 고개를 주억거렸다.

"나머지 부분이 무슨 말이었는지 알아내야 하는데 너희가 날 좀 도와줬으면 해."

아테나는 호기심이 일었는지 편지를 들고 큰 소리로 읽었다.

사랑의 여신

저는 놀라운 실력

그래도 한낱 외

제가 찾는 건 사

부디 저를 도

슬픔 가득한 도시 키

당신의

피그

"난 수수께끼 아주 좋아해."

"나도."

페르세포네가 끼어들었다.

"나도 나도."

아르테미스도 거들었다.

"'그런데 당신은 피그(pig)'라고? 이 사람 지금 널 돼지라고 부른 거야?"

아르테미스는 자리에서 벌떡 일어나더니 늘 가지고 다니는 활과 화살집을 집어 들었다.

"어느 누구도 여신을 돼지라고 부르고 멀쩡하게 돌아다닐 수는 없어."

아르테미스는 화가 나서 계속 으르렁거렸다.

"당장 그놈을 잡아와서 용서를 빌게 할 거야!"

그러자 아테나가 키득거리며 아르테미스를 말렸다.

"진정해. 원래 문장은 아마 '당신의 피그 드림'이었을 거야."

아르테미스는 인상을 팍 쓴 채 의자에 풀썩 앉아서 아프로디테에게 말을 걸었다.

"그렇다 하더라도 이 남자 말이야, 네 클럽에 별로 도움 될 것 같지 않아. 어느 여자가 돼지를 짝으로 맞으려 하겠어?"

이번에는 페르세포네가 나섰다.

"이름이 피그라고 해서 그 사람이 돼지라는 건 아니잖아. 게다가 어쩌면 더 긴 이름의 앞부분일지도 몰라. 예를 들어 피그니피센트라든가 피그마이스터나 뭐 그런 이름 말이야."

아르테미스는 "푸핫!" 하고 웃음을 터뜨리더니 대꾸했다.

"야, 이름 한번 끝내준다."

잠잠히 친구들의 대화를 듣고 있던 아프로디테가 마침내 나섰다.

"P, I, G가 아니라 P, Y, G야. Y를 쓴다고. 그리고 난 모든 사람한테 저마다 짝이 있다고 믿어. 생김새가 어떻든, 이름이 뭐든, 부자든, 가난뱅이든 간에 말이야. 하지만 이 사람을 못 찾으면 꼭 맞는 아가씨를 소개해 줄 수가 없잖아. 편지 나머지 부분을 해독할 수 없을까?"

아테나는 인상을 찌푸리며 생각에 잠겼다.

"내가 짐작할 수 있는 건 이 사람이 '사'로 시작하는 어떤 걸 찾고 있는데, 도움을 바란다는 거야."

아프로디테가 말했다.

"'사'는 아마 '사랑'일 거야. 그건 딱 보니까 알겠더라."

페르세포네가 친구들에게 질문을 던졌다.

"편지 아래쪽의 구불구불한 선은 뭐니? 지도일까?"

아테나가 고개를 끄덕였다.

"아마 어디에 사는지 알리려 한 걸 거야."

아테나는 아프로디테를 흘끔 쳐다보았다.

"아프로디테, 반쪽짜리 지도로는 절대 그 사람을 찾을 수 없어. 게다가 보낸 사람 주소도 없잖아."

페르세포네는 생각에 잠긴 채 중얼거렸다.

"그럼 키읔은 뭐지?"

아르테미스가 나섰다.

"나 알아. 코린토스일 거야!"

그러자 아테나는 고개를 가로저었다.

"키읔으로 시작하는 곳은 어디든 될 수 있어."

그 순간 밖에서 무언가 식당 창문을 세게 두드렸다. 마치 유리에 작은 우박이 후드득 쏟아지는 것 같은 소리에 식당에 있던 아이들이 모두 고개를 돌리고 창문을 쳐다보았다.

"혹시 교장 선생님?"

페르세포네가 대놓고 묻자 아테나가 대답했다.

"아닐 거야. 그 폭풍은 훨씬 강력해."

그 사이에 창문 가까이에 있던 학생들이 창을 열었다.

휭!

마법 바람이 안으로 불어 들어오더니 이곳저곳에 몰아쳤다. 식당 게시판의 공고문이 나부끼고 냅킨이 바닥으로 우수수 떨어졌다. 이어서 마법 바람은 아프로디테와 친구들의 식탁으로 들이닥쳐 아프로디테를 감싸고 세 번 빙빙 돌았다.

"맙소사!"

아프로디테는 두 손으로 머리를 감싸며 소리쳤다.

"그만 둬! 내 머리 모양이 다 망가지잖아!"

마법 바람이 식탁에서 반쪽짜리 편지를 들어 올리자 아프로디테는 황급히 편지를 낚아채서 가슴에 꼭 끌어안았다.

"지금 뭐 하는 거야? 이건 내 편지라고!"

그러자 마법 바람은 운율을 맞추어 말했다.

> 그 편지를 가지고 가야 하오.
> 어디로 가는지는 말 못 하오.

"왜 말 못 하는데?"

아프로디테가 따지자 마법 바람은 한숨을 푹 쉬었다.

> 난 운율을 따져 말해야 하오.
> 그런데 편지가 배달되는 장소,
> 도무지 운이 맞는 말이 없소.

아테나가 나서서 마법 바람을 구슬렸다.
"그럼 힌트를 줘. 우리가 알 수도 있잖아."
말썽 많은 바람은 잠시 동안 생각에 잠긴 듯 식당 안을 빙빙 돌았다. 바람 때문에 토가와 키톤이 휘날리자 아이들은 비명을 지르며 옷자락을 잡고 끌어내리느라 정신이 없었다. 이윽고 마법 바람이 아프로디테의 식탁으로 다시 휭 불어오더니 다음처럼 말했다.

> 바다 너머 머나먼 곳,
> 피라미드 우뚝 솟고,
> 모래바람 휘날리오.

"이집트 말이야?"
아프로디테가 어림짐작을 내어놓자 마법 바람이 웅얼웅얼 대답했다.

옳소, 맞소, 그렇소.
눈치 빠른 아프로디테요!

'끄응.'

아프로디테는 속으로 앓는 소리를 냈다. 마법 바람의 운율 놀이는 때때로 듣는 이를 너무 짜증나게 만들었다.

이번에는 페르세포네가 마법 바람에게 물었다.

"그런데 왜 아프로디테의 편지를 이집트로 가져가려는 거지?"

이시스가 요구했소.
이시스가 명령했소.

마법 바람의 대답에 아프로디테와 세 친구는 식탁으로 몸을 숙여 고개를 마주했다.

"이시스가 누구야?"

아르테미스가 속삭여 물었지만 아무도 답을 몰랐다. 결국 아프로디테가 마법 바람에게 말했다.

"그럼 내가 이시스에게 가져다줄게."

마법 바람은 반신반의하는 목소리로 대답했다.

지금껏 그런 적 없었소!
어쩌면 좋을지 모르겠소!

마법 바람은 잠시 말이 없다가 다시 물었다.

그 말 정말 진심이오?
참말 정말 약속하오?

"당연하지! 그냥 어디로 가져가면······."
 아프로디테가 정확한 주소를 묻기도 전에 마법 바람은 휙 창문을 타고 넘어가 버렸다. 아프로디테는 당황한 얼굴로 친구들을 돌아보았다.
 "이시스란 자가 누군지, 정확히 어디에 사는지 전혀 모르는데 어떻게 약속을 지키란 말이야?"
 페르세포네가 어이없어 하며 어깨를 으쓱하고 대꾸했다.
 "그러게. 이집트는 어마어마하게 큰 나라인데."
 아르테미스가 아프로디테를 다독이고 나섰다.

"일단 저녁부터 먹자. 배가 든든하면 생각도 더 잘 될 거야."

모두 저녁식사 쟁반을 들고 자리로 다시 돌아왔을 즈음, 아테나와 페르세포네는 몇 가지 사실을 더 알아내었다. 아테나가 나머지 친구들에게 설명했다.

"페르세포네랑 난 편지에 쓰여 있는 키읔으로 시작하는 도시가 카이로를 나타낸다고 생각해. 거기가 이집트의 수도이거든. 그곳에 가면 이시스란 자와 편지를 쓴 남자를 찾을 수 있을지도 몰라."

"이야, 똑똑한데!"

아프로디테는 감탄을 터뜨리며 넥타르 뚜껑을 열다가 기발한 생각이 떠올랐다. 아프로디테는 친구들을 번갈아 쳐다보며 싱글싱글 웃었다.

"애들아, 혹시 이집트로 여행 갈 생각 없니?"

순간 아테나의 얼굴이 확 밝아졌다.

"난 늘 피라미드를 직접 보고 싶었어. 게다가 우리 넷이 함께 여행 갈 수 있는 거잖아."

페르세포네도 구미가 당기는 모양이었다.

"그래. 이집트 그림에 나오는 꽃 중에 연꽃이란 게 있거든. 실물을 볼 수 있으면 정말 좋겠어."

"그럼 난 거기서 뭐 하지?"

아르테미스가 암브로시아 버거를 우적우적 씹으며 중얼거렸다. 그러자 아테나가 대답했다.

"보니까 이집트 사람들은 동물을 아주 좋아하는 것 같던데. 애완동물을 거의 가족처럼 여긴대!"

아르테미스의 얼굴에 생기가 돌았다.

"그래? 좋아, 나도 낄래."

"얘들아, 고마워!"

아프로디테는 그날 아침 영웅학 성적을 확인한 뒤 처음으로 행복이 방울방울 솟아올랐다.

"그런데 이집트까지 어떻게 가지?"

페르세포네의 물음에 아르테미스가 대답했다.

"내 전차로는 힘들어. 그리스까지는 괜찮은데, 이집트에 가려면 지중해를 건너야 하잖아. 사슴들이 그렇게 먼 길은 못 가거든."

아프로디테가 의견을 내어놓았다.

"내 백조 수레를 타고 갈래? 한동안 사용하지 않았지만 그래도 작동은 할 거야. 장거리 여행하기에도 괜찮아."

그러나 아르테미스는 영 못 미덥다는 반응이었다.

"글쎄, 내 전차보다도 크기가 작잖아. 걔들이 탈 자리가 있을까?"

"아니. 그리고 자리가 있다 하더라도 백조들이 개를 겁낼 거야. 미안한데 개들을 며칠만 기숙사에 두고 가면 안 될까?"

아프로디테는 탁자 밑으로 손가락을 꼬며 행운을 빌었다. 아프로디테도 아르테미스의 개들을 좋아했지만 개를 데리고 긴 여행을 하려면 아무래도 문제가 생길 확률이 높았다.

아르테미스는 가차 없이 고개를 흔들었다.

"그 녀석들끼리만 여기에 둘 수는 없어. 걔들은 내 친구야. 게다가 방학 동안 누가 개를 대신 돌봐 주려 하겠어?"

페르세포네가 대답했다.

"하데스가 케르베로스랑 같이 돌볼 수 있을 거야."

아테나도 거들었다.

"그래, 네 사냥개들도 케르베로스를 좋아할 거야. 지하 세계도 마음에 들어 할 거고. 신 나게 뛰놀 수 있는 곳도 많고 이상한 냄새 나는 것도 널

렸잖아. 개한테는 거기가 천국이지 뭐."

아르테미스가 다시 물었다.

"그런데 하데스가 돌봐 줄 수 있을까?"

"하데스랑 다른 남학생 몇몇이 방학 동안 학교에서 지내기로 했대. 포세이돈이 새로 만든 서핑 풀에 가 본다고 말이야. 식사 마치는 대로 가서 물어보자."

아테나는 자리에서 벌떡 일어났다.

"난 도서관 문 닫기 전에 얼른 가 봐야겠어. 떠나기 전에 이집트 상형 문자 공부를 좀 해 두고 싶어."

한동안 우울해하던 아테나는 이제 한껏 밝아진 모습이었다.

"다 같이 여행 가게 되어서 정말 기뻐. 난 정말로 학교를 잠시 떠나고 싶었거든."

아프로디테는 도서관으로 향하는 아테나의 뒷모습을 보며 말했다.

"아테나가 교장 선생님 기분 문제에 대해서 겉으로 드러내는 것보다 훨씬 속을 썩이고 있는 것 같아."

페르세포네가 걱정이 가득한 얼굴로 고개를 주억거렸다.

"아테나에게 무슨 일 있는지 물어봐야 할까?"

아프로디테는 고개를 가로저었다.

"우리에게 털어놓을 마음의 준비가 되면 먼저 이야기를 꺼낼 거야. 그때까지는 곁을 지키며 함께해 주자."

아프로디테와 아르테미스, 페르세포네는 자리에서 일어나 식탁을 정돈했다. 자리를 뜨기 전에 아르테미스가 말했다.

"하데스가 개들을 돌보기로 했다고 치고, 내일 아침 학교 뜰에서 만나면 되겠지? 그럼 거기서 바로 출발할 수 있잖아."

아프로디테가 대답했다.

"좋은 생각이야."

아프로디테는 빈 접시를 치우고 나서 짐을 싸러 방으로 갔다. 친구들과 함께 방학을 보낼 수 있어서 아프로디테는 정말 신이 났다. 그러나 한편으로는 아무 부질없는 시도가 되는 게 아닌가 하는 불안함도 있었다.

'방학은 닷새밖에 되지 않으니 하루라도 허투루 쓸 수가 없어. 편지에 쓰여 있던 키읔이 카이로가 아니라 다른 곳이면 어쩌지?'

어쩌면 어느 가게나 식당의 이름인지도 몰랐다. 칼레도니안 피자 식당이나 클레오 화장품 가게나 칼립소 의상실일 수도 있었다.

'아! 의상이란 말이 생각난 김에 심부터 싸야겠어.'

아프로디테는 양쪽 옷장을 활짝 열고 수많은 멋진 키톤을 찬찬히 살펴보았다. 그리고 분홍빛 손톱으로 볼을 톡톡 두드리며 깊은 생각에 잠겼다.
'편지의 키읔이 무엇을 나타내는지 따위는 잊어버리자. 지금은 더 중요한 문제를 생각할 때야. 이집트처럼 이국적인 나라에 갈 때는 과연 어떤 옷을 입어야 할까?'

4
이시스

 다음 날 아침 아프로디테는 새로 배달된 편지 두 통을 발견했다. 그러나 그 편지들은 창을 통해 들어온 게 아니었다. 누군가 편지를 판판하게 펼쳐 복도에서 아프로디테의 방문 아래로 밀어 넣은 것이었다.
 '혹시 어느 남학생이 편지를 가지고 여학생 기숙사에 몰래 들어온 걸까?'
 아프로디테는 전날 밤 짐을 싸느라 늦게까지 깨어 있었던 터라 도무지 아프로디테의 아름다움을 칭송하는 편지 따위를 받아 줄 기분이 아니었다. 그러나 펼친 편지의 내용은 아프로디테의 예상보다 훨씬 더 나빴다. 편지를 보낸 사람은 다름 아닌 메두사와 판도라였다!

편지를 읽으면 읽을수록 아프로디테는 심난해졌다. 두 사람은 남자 친구를 찾고 있었다.

'인간들더러 짝을 찾게 도와 달라는 편지를 쓰라고 하기는 했지만 이 둘은 아니었어! 하긴 얘들도 인간은 인간이니까 러브러브 클럽에 들어올 수 있긴 하지.'

그래도 초록색 피부에 뱀 머리칼을 가진 심술쟁이와 처음부터 끝까지 질문만 해 대는 여자애의 짝을 찾아 주는 건 쉽지 않을 것 같았다. 게다가 메두사와 판도라는 올림포스 학교의 소년 신과 데이트하기도 했다.

'그럼 인간과 신 중 누굴 더 좋아하는 거지? 하긴 메두사나 판도라 스스로도 모를 수 있어.'

인간들은 이쪽을 원한다고 생각하는데, 실제로는 다른 쪽이 더 어울리는 경우가 종종 있었다. 그래도 만약 핵심을 찌르는 질문을 잘 던지기만 하면, 어쩌면, 정말 어쩌면 메두사나 판도라에게 어울리는 짝을 찾을 수 있을 것도 같았다.

아프로디테는 문득 전날 준비해 둔 질문지가 기억나 두 장을 꺼냈다. 그러고는 답을 써서 달라는 메모를 질문지 맨 위에 쓰고, 잠옷 차림으로 방을 나섰다. 아프로디테는 복도를 쌩하고 지나서 메두사와 판도라의 방문 아래에 질문지를 각각 밀어 넣었다. 아프로디테로서는 부디 두 아이가 최상의 답을 보내 주길 바랐지만, 최악의 답이 오리라는 게 솔직한 예상이었다. 그래도 이번 일이 최소한 아프로디테의 질문지를 시험해 볼 수 있는 기회가 될 것 같았다.

아프로디테는 옷을 갈아입고, 머리를 매만지고, 화장을 하며 속으로 생각했다.

'하여간 인간이나 신이나 사랑 문제 앞에서는 다들 어수룩하다니까. 누가 자신에게 관심을 보여도 알아차리지 못하는 때가 많아. 아니면 전혀 어울리지 않는 상대를 짝사랑하거나.'

아프로디테는 그런 사람들에게 바른 방향을 제시하고, 정말로 행복할 수 있는 상대와 사랑에 빠지도록, 아니면 적어도 서로 호감을 가질 수 있도록 도와주는 게 즐거웠다.

누가 다른 이에게 관심 어린 눈길을 보내거나, 누군가의 눈 속에서 호기심이 반짝이면 아프로디테는 그걸 어김없이 알아차렸다. 그 재능은 아프로디테에게는 육감이나 다름없었다. 항상 애쓰지 않고도 누가 누굴 좋아하는지 알아차렸고, 당사자들이 깨닫기도 전에 언제 사랑이 싹트는지 짚어 낼 수 있었다.

그러나 아프로디테는 인간이든 신이는 남학생 중에서 메두사나 판도라에게 관심을 보이는 아이를 지금껏 본 적이 없었다. 만약 아프로디테가 두 사람에게 완벽한 짝을 찾아 준다면 그야말로 사랑의 여신으로서도 여왕의 자리를 차지해야 마땅할 것 같았다!

아프로디테는 옷을 차려입은 다음 전신 거울 앞에 서서 자신의 모습을 비평하듯이 쓱 훑어보았다. 빨간 루비 색깔 매니큐어와 길게 물결치는 금발 머리에 엮어 넣은 빨간색 리본이 빨간 키톤과 완벽하게 어울렸다. 샌들과 하트 모양 귀고리도 스타일이 잘 맞았다. 이어서 아프로디테는 목에 항상 하고 다니는 목걸이를 걸었다. 가디스 걸스를 상징하는 GG 장식이 달린 목걸이였다. 그런데 아무래도 균형을 맞추기 위해서 금빛을 살짝 더해 줘야 할 것 같았다. 왼쪽 팔목에 두꺼운 금색 팔찌까지 낀 아프로디테는 드디어 스스로에게 선언했다.

"좋아, 이시스란 자가 누구든지 간에 이제 만날 준비를 완벽히 끝냈어!"

방을 떠나기 직전 아프로디테는 장식장으로 가서 작은 도자기 수레를 꺼냈다. 앞에 나란히 자리한 백조 두 마리가 수레를 끄는 구조로, 상당히 복잡한 디자인인데도 크기가 아주 작아서 아프로디테의 손에 쏙 들어왔다. 두 마리 백조는 얼굴을 마주한

채 주황색 부리를 맞대고 있어서 부리부터 목까지 이어지는 우아한 곡선이 완벽한 하트 모양을 이루고 있었다.

  아프로디테는 그 백조 수레를 아주 어렸을 적에 신비한 방식으로 얻었고, 지금껏 소중하게 간직하고 있었다. 비록 엄마가 누군지는 모르지만, 아프로디테는 엄마가 선물해 주었다고 여기고 싶었다. 엄마가 자신을 안전하게 지켜 주고자, 그리고 자신을 사랑한다는 메시지를 전하려고 백조 수레를 남긴 것이라고 믿고 싶었다.

  아프로디테는 백조 수레를 가방에 넣고 친구들을 만나러 밖으로 나갔다.

올림포스 학교의 청동 문을 나서자마자 아프로디테는 뜰로 내려가는 계단에서 키클롭스 선생님과 마주쳤다. 아프로디테는 키클롭스 선생님의 모습에 눈이 휘둥그레졌다. 키클롭스 선생님은 격자무늬 반바지에, 검은 양말과 갈색 샌들을 신고, 야자수가 그려진 셔츠를 입고 있었다.

'하긴 선생님도 방학이잖아. 그래도 선생님이 교실 밖에서 입는 평범한, 음, 평범하다고 봐 줄 만한 일상복을 입은 걸 보니까 기분이 이상하네.'

키클롭스 선생님은 아프로디테의 여행 가방을 보더니 하나밖에 없는 눈을 부릅떴다. 아프로디테가 약속한 대로 숙제를 하려 하지 않고 놀러 가나 보다고 생각하는 모양이었다.

"아프로디테, 추가 점수 얻기 프로젝트는 어떻게 되어 가니?"

"잘되고 있어요."

아프로디테는 밝은 목소리를 내려고 애썼다.

"당장 오늘 아침만 해도 메두사와 판도라가 제 클럽에 들어왔어요."

사실 그 두 사람이 유일한 회원이지만, 아프로디테는 굳이 그

말을 하지 않았다.

키클롭스 선생님은 대머리를 긁적이며 일렀다.

"안됐지만 그 둘은 대상에 포함시키기 어려워. 그 애들은 네 친구잖아."

그 말에 아프로디테는 속으로 질겁했다.

'메두사가 제 친구라고요? 선생님, 지금 진심이세요?'

아프로디테와 메두사는 만나기만 하면 으르렁거리는 사이였다. 그렇지 않아도 아프로디테는 혹시 메두사가 자신을 골탕 먹이려고 클럽에 들어오겠다고 하는 게 아닐까 은근히 의심스럽던 참이었다.

"선생님, 그래도 이 소식을 들으면 기쁘실 걸요? 어떤 남자가 제게 짝을 찾고 있다며 비밀투성이 편지를 보냈고, 전 지금 그 편지를 조사하러 이집트로 가는 길이에요."

"훌륭하구나! 네가 그 프로젝트를 그렇게나 진지하게 여기다니 흐뭇한걸."

"어머, 저 정말 진지하게 임하고 있어요."

아프로디테는 진심을 다해 대답하고 계단을 타박타박 내려갔다.

학교 뜰에 다다르사 아프로디테는 가방에서 작은 백조 수레를 꺼내어 손바닥에 올려놓고서 손가락 끝으로 백조의 눈처럼 하얀 등을 톡톡 건드렸다. 그러고는 계단 아래에 살포시 내려놓고서 한 걸음 뒤로 물러나 마법 주문을 외웠다.

섬세한 깃털, 뜨거운 심장
나의 아름다운 백조들아
날개를 펼쳐 날아올라라!

주문을 외우다 보니 아프로디테는 마법 바람의 말투가 떠올라 혼자 빙그레 웃었다. 생각해 보면 마법이 관련된 일에는 대부분 운율이 사용되는 것 같았다. 아프로디테의 말소리가 작아지자 백조들이 마치 깊은 잠에서 깨어나기라도 하는 듯 몸을 부르르 떨고 고개를 흔들었다. 이내 백조들은 천천히 날개를 펼치며 점점 커졌다. 날개를 완전히 펴자 도자기 백조들의 키는 3미터, 날개 폭이 6미터나 되는 거대한 새로 변해 있었다! 아프로디테는 백조의 길고 우아한 목을 다정하게 어루만졌다.

"아프로디테, 준비됐어?"

아프로디테가 고개를 들자 세 친구들이 계단을 내려오고 있었다.

이제 작디작았던 황금 수레도 백조와 함께 커져서 으리으리한 보석 장식이 아침 햇살을 받아 눈부시게 빛나고 있었다. 수레는 여섯 명이 넉넉하게 앉을 수 있을 만큼, 혹은 네 명의 여신이 앉고도 짐 가방을 잔뜩 놓을 수 있을 만큼 충분히 컸다.

먼저 페르세포네와 아테나가 수레 안에 가방을 던져 넣고서 자리에 앉았다. 이어서 아프로디테도 자신의 가방을 실었다.

쿵!

페르세포네의 눈이 휘둥그레졌다.

"맙소사! 아프로디테, 가방에 도대체 뭘 넣은 거야?"

아프로디테는 태연하기만 했다.

"필수품이 들었지. 화장품, 헤어젤, 향수, 립글로스, 키톤 열 벌 정도와 장신구 말이야."

아프로디테는 아르테미스를 쳐다보며 물었다.

"네 짐은 어디에 있니?"

"여기 있어."

아르테미스는 수레에 작은 배낭 하나를 던져 넣었다.

"그게 다야?"

아프로디테가 깜짝 놀라서 물었다.

"오늘까지 힙처서 낫새 정도 여행하는 거잖아. 그래서 키톤

네 벌 챙겼어. 난 그거면 돼."

아르테미스가 수레에 올라타자 아프로디테도 뒤를 따랐다. 아르테미스의 키톤은 분명 가방 속에서 꼬깃꼬깃해지겠지만, 어째서인지 아르테미스는 옷차림에 전혀 신경을 쓰지 않아도 늘 멋지게만 보였다. 게다가 아프로디테가 항상 여분의 옷을 가지고 다니기 때문에 아르테미스는 필요하면 언제든지 아프로디테의 옷을 빌려 입을 수 있었다.

짐을 전부 싣고 모두 자리를 잡자 아프로디테가 외쳤다.

"훨훨 날아라! 머나먼 이집트로!"

명령이 떨어지자마자 백조들이 눈부시게 하얗고 거대한 날개를 펄럭이며 학교 뜰에서 우아하게 날아올라 수레를 끌었다. 백조 수레는 부드럽게 날아서 올림포스 산을 떠났다. 백조들은 기다란 목을 앞으로 쭉 뻗은 채 그리스를 지나 남동쪽으로 훨훨 날아갔다. 곧 아프로디테 일행은 에게 해와 지중해를 지나게 되었다. 이제 네 여신의 발아래로 보이는 것이라고는 푸른색뿐이었다. 가끔 울창한 숲과 빨강, 청록, 복숭아 빛깔로 칠해진 집으로 뒤덮인 섬이 드문드문 보이기도 했다. 때때로 어린아이들이 집에서 뛰어나와 백조 수레를 향해 신 나게 손을 흔들면 네 여신도 손을 흔들어 답해 주었다.

한 시간쯤 지나자 멀리 앞쪽에 아프리카 대륙의 북쪽 해변이 나타났고, 바다가 끝나는 곳에서 넓은 강이 이어지고 있었다.

"저게 나일 강이야!"

아테나가 소리쳤다. 백조 수레는 나일 강을 따라 남쪽으로 이동해 카이로로 향했다. 한동안 갈매기 떼가 수레 곁에서 함께 날다가 수레가 육지를 향해 움직이자 방향을 다시 바꾸어 해변으로 돌아갔다. 이제 네 여신의 발아래에는 바다 대신 사막이 끝없이 펼쳐졌다. 기다란 흰색 옷을 입고, 머리에 두툼한 터번을 쓴 사람들이 낙타를 타고 사막을 지나는 모습이 보였다.

페르세포네가 팔꿈치로 아테나를 쿡 찌르며 왼쪽을 가리켰다. 그곳에 삼각뿔 모양의 거대한 기념물 세 개가 나란히 서 있었다.

"저게 피라미드야! 왕의 무덤이지. 가장 큰 건 쿠푸 왕의 대피라미드라고 불러."

"저건 사자인가?"

아르테미스는 백조 수레와 세 피라미드 사이에 서 있는 거대한 석상을 빤히 쳐다보고 있었다.

아테나의 설명이 이어졌다.

"그건 스핑크스야. 몸은 사자인데, 머리는 왕의 모습이야."

백조 수레는 훨훨 날아서 카이로 변두리에 이르렀다. 그러자 아프로디테가 산들바람처럼 부드러운 목소리로 백조에게 명령을 내렸다.

섬세한 깃털 뜨거운 심장
나의 아름다운 백조들아!
날개를 접고 내려 쉬어라.

수레가 착륙하고 네 여신이 거리에 내려서자 백조 수레는 다시 줄어들었다. 아프로디테는 도자기 수레를 집어 들어 가방에 넣었다. 이어 네 여신은 여행 가방 셋과 배낭 하나를 나무 아래로 옮기고 인간의 눈에 띄지 않도록 마법을 걸었다. 그런 다음 모자이크 타일로 장식된 거리를 따라 카이로 시내에 들어서자 곧 떠들썩한 시장이 나왔다.

길을 따라 늘어선 수많은 향신료 가게에는 말린 로즈마리나 세이지, 오레가노, 야생 바질 같은 허브가 바구니 가득 쌓여 있었다. 멋지게 세공한 유리병에 향수를 담아 파는 가게가 있는가 하면, 빨간색 고춧가루나 노란 사프란 가루 같은 향료를 통에 넣어 파는 곳도 있었다. 피스타치오, 차, 꿀, 유칼립투스, 말린

과일과 정향도 팔았다. 어느 가게에서는 온갖 무늬를 넣어 짠 바구니와 화사한 무늬의 비단 스카프를 나무 탁자에 쌓아 놓고 팔았다.

"어머나! 쇼핑 기회가 왔어!"

눈앞에 펼쳐진 광경에 아프로디테의 푸른 눈동자가 반짝반짝 빛났다. 그러나 아르테미스는 대번에 앓는 소리를 했다.

"끙. 아프로디테, 난 쇼핑이나 하려고 이 먼 길을 온 게 아니야. 넌 피그라는 자를 찾아야 하지 않아? 그리고 이시스란 자도 찾아야지."

그 순간 어디선가 동물이 깩깩대는 소리가 들렸다. 소리가 난 곳은 이구아나, 공작, 앵무새를 파는 애완동물 가게였다.

"어, 음. 그건 나중에 해도 될 것 같아."

아르테미스는 애완동물 가게로 냅다 뛰어가려 했다.

"잠깐만."

아테나가 아르테미스를 불러 세우더니 손을 쓱 내밀었다. 아프로디테의 손바닥에는 특이한 표식이 새겨진 반지 네 개가 있었다.

"이걸 손에 끼도록 해. 통역 반지야. 어젯밤에 헤파이스토스에게 만들어 달라고 부탁했어. 이걸 끼면 아랍 어가 통역이 되니까 이집트 사람들이 무슨 말을 하는지 알아들을 수 있고, 이집트 사람들도 우리 말을 알아들을 수 있어."

페르세포네가 고개를 주억거리며 말했다.

"아테나, 정말 좋은 생각이야."

네 여신은 각각 반지를 나누어 끼고 쇼핑을 하러 나섰다. 아프로디테는 화장품과 옷을 파는 가판대에서 한동안 정신을 잃더니 어느새 화장품이며 석고로 만든 풍뎅이 모양 장신구와 비단을 한가득 들고 있었다. 페르세포네는 향신료 가게에 가서 이것저것 향기를 맡아 보더니 가게 주인과 신 나게 이야기를 나누기 시작했다. 아테나는 돌돌 말린 파피루스 지도와 두루마리 여행 안내서에 몰두하고 있었다.

"우아!"

갑자기 사람들이 북적이는 시장에 감탄의 물결이 퍼졌다. 아프로디테와 친구들이 소리 나는 쪽으로 돌아서자 이국적인 이집트 소녀 넷이 아프로디테 일행에게 다가오고 있었다. 네 명 모두 검은 머리칼에 기다란 린넨 드레스를 입었고, 놀라우리만치 아름다우면서도 각각 다른 매력을 지니고 있었다.

우선 넷 중 하나는 매끄러운 머리칼을 높이 올려 묶었고, 밝은 하늘색 드레스를 입고 있었다. 그 소녀는 걸으면서도 두루마리 교과서를 읽느라 고개를 숙이고 있어서 눈동자 색깔을 알 수가 없었다.

두 번째 여자아이는 검은색 린넨 드레스에 검은색 깃털로 만든 목걸이를 걸고, 허리까지 오는 긴 생머리에 옥수수 모양으로 생긴 희한한 모자를 쓰고 있었다.

세 번째 여자아이는 머리카락을 여러 가닥으로 나누어 가늘게 땋고서, 그 끝에 금 구슬 장식을 달았고, 노란색 드레스를 입고 있었다. 그런데 특이하게도 드레스 색깔과 잘 어울리는 노란색과 흰색 줄무늬 고양이가 그 아이의 목을 감싸고 낮잠을 자고 있었다. 고양이가 마치 장신구라도 되는 것 같았다.

그러나 선두에 선 아이가 넷 중에서도 가장 화려하고 매력이 넘쳤다. 그 아이는 긴 보라색 린넨 드레스를 입고서 보석이 박힌 커다란 목걸이를 걸고 있었다. 팔목에는 금팔찌가, 손가락에는 반지가 번쩍번쩍 빛나고, 팔뚝에는 금줄이 구불구불 감겨 있

고, 귀에는 피라미드 모양의 금 귀고리가 달랑였다. 에메랄드와 자수정 구슬로 장식한 검은 머리칼은 풍성하면서도 윤기가 자르르 흘러서 걸음을 뗄 때마다 비단처럼 찰랑찰랑 나부꼈다.

아프로디테는 선두에 선 소녀의 화장이 흠잡을 곳이 없다는 걸 한눈에 알아차렸다. 옅은 초록색 눈동자와 눈가에 칠한 검은색 화장이 어우러져 매력적이면서도 신비로운 인상을 풍겼다. 아프로디테는 자신의 푸른 눈동자도 아름답다는 걸 잘 알고 있었지만, 옅은 초록 눈동자는 아름다울 뿐 아니라 드물었기 때문에 마음속에서 질투심이 일었다.

"아프로디테?"

페르세포네가 아프로디테를 쿡 찔렀다.

"응?"

아프로디테는 퍼뜩 정신이 들면서 자기가 그 여자아이를 빤히 쳐다보고 있었다는 걸 깨달았다. 그런데 그 초록 눈동자의 아이도 아프로디테를 넋놓고 쳐다보고 있었다.

아프로디테는 아르테미스가 가까이에 있는 상점 주인에게 속삭여 묻는 소리를 들었다.

"저기 보라색 옷 입은 여자애는 누구예요?"

상점 주인이 벙실벙실 웃으며 대답했다.

"저 분은 사랑의 여신 이시스 님입니다."

아프로디테는 입이 딱 벌어졌다. 동시에 친구들이 헉하고 숨을 들이쉬더니 자기 옆으로 다가왔다. 친구들은 마치 아프로디테를 보호하려는 듯 둘러섰다. 아테나가 나지막한 목소리로 말했다.

"저 이시스라는 애는 대체 자기가 누구라고 생각하는 거야?"

"사랑의 여신이라고 여긴다잖아."

페르세포네가 대답했다.

"누구 맘대로!"

아르테미스의 말에 아프로디테도 고개를 끄덕였다.

"이 세상에 사랑의 여신은 한 명뿐이고, 그건 바로 나야."

그때 이시스가 앞으로 한 걸음 나섰다.

"이집트에 처음 온 거지? 난 이시스라고 해. 여긴 내 친구들이고. 얘는 하토르야."

이시스의 말에 파란색 옷을 입은 여자아이가 두루마리 교과서에서 눈을 들었다. 하토르는 그제야 자기 앞에 낯선 일행이 있다는 걸 알아차린 것 같았다.

"그리고 여기는 마트."

검은 옷에 깃털 목걸이를 두른 여자아이가 고개를 까딱했다.

"끝으로 바스테트."

목에 고양이를 두른 아이가 살짝 미소 지어 보였다.

아프로디테도 자신과 친구들을 소개한 후 덧붙였다.

"우리도 여신이야."

이시스는 깜짝 놀란 눈치였다.

"정말? 어떤 신?"

그러자 아르테미스가 일부러 날카롭게 대답했다.

"진짜 신!"

"우린 올림포스 산에서 왔어."

아테나가 아르테미스 말에 친절하게 덧붙였다.

"거기가 어디야?"

하토르가 어리둥절한 표정으로 되묻자 페르세포네가 깜짝 놀라며 물었다.

"어머, 올림포스 산에 대해 한 번도 들어 본 적이 없어?"

이집트 여신들이 고개를 가로저었다. 이시스의 비단 같은 머리칼이 나부끼자 보석 구슬이 부딪쳐 찰랑찰랑 소리가 났다.

아프로디테는 거만하게 팔짱을 끼며 한마디를 툭 던졌다.

"뭐, 우리도 너희에 대해 전혀 들어 본 적 없어."

이번에는 이집트 여신들이 기가 막힌다는 반응이었다. 아프로디테와 이시스는 얼굴을 맞대더니 싸울 기세였다.

그때 어느 쪽이 먼저 말을 꺼내기 전에 아르테미스가 불쑥 물었다.

"어! 저저 아프로디테의 편지 나머지 부분 아냐?"

아프로디테는 눈길을 내렸다. 아니나 다를까 이시스의 허리띠에 반쪽짜리 편지가 꽂혀 있었다. 아프로디테는 즉시 편지를 향해 손을 뻗었다.

"어머, 웬일이니! 내 물건을 왜 네가 가지고 있는 거야?"

이시스는 몸을 홱 빼며 쏘아붙였다.

"수신인이 '사랑의 여신'이라고 되어 있잖아."

"그래. 그리고 내가 바로 사랑의 여신이야."

아프로디테의 말에 이시스는 "풋!" 하고 웃음을 터뜨리더니 대꾸했다.

"어머나, 내 생각은 좀 다른걸."

"그럼 편지의 반쪽이 나한테 왜 배달되었겠어?"

아프로디테는 가방에서 편지를 꺼내어 이시스 앞에 내밀었다. 대번에 하토르가 짜증난다는 듯 "흥!" 하고 콧방귀를 끼었다. 그러자 이시스가 불안한 표정으로 하토르를 획 쳐다보았다. 어쩐지 이시스는 하토르를 그다지 신뢰하지 않는 눈치였다. 아프로디테는 그 반응에 은근히 놀랐다.

아프로디테가 눈썹을 치켜세우며 말했다.

"양쪽을 붙여서 어떤 내용인지 확인하지 않을래?"

아프로디테의 제안에 이시스는 미심쩍은 듯 되물었다.

"그러고 나선?"

"편지에 피그의 집 지도가 나와 있으면 가서 만나려고."

"피그가 누구야?"

마트가 깜짝 놀라 물었다. 하토르와 바스테트는 전혀 모르겠다는 듯이 어깨를 으쓱했다. 그도 그럴 것이 그 이름은 아프로디테의 편지에만 쓰여 있고 이시스의 편지에는 없기 때문이었다.

이시스가 말했다.

"간다면 나도 데려가야 해. 안 그럼 내가 가진 반쪽은 절대 못 볼 거야."

"좋아."

아프로디테는 이시스의 제안을 받아들였다. 사실 다른 선택은 없었다.

"새끼손가락 걸고 맹세해."

이시스가 고집을 피우자 아프로디테도 새끼손가락을 내밀었다. 둘은 잠시 서로의 새끼손가락을 꽉 걸었다. 이제 보니 새끼손가락 맹세는 어느 나라나 통하는 모양이었다.

맹세를 하고 나자 아프로디테와 이시스는 각자의 편지를 가까운 가게 계산대에 나란히 올려놓았다. 각자의 친구들이 우르르 모여들자 아프로디테와 이시스가 큰 소리로 편지를 읽어 주었다.

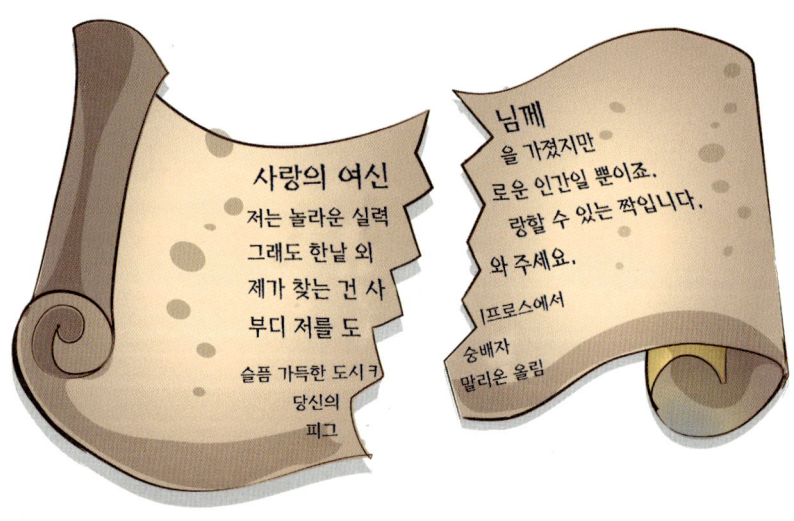

"흠. 피그의 전체 이름이 피그말리온이었구나."

아르테미스는 일부러 이름을 '삐꾸마리오옹'처럼 발음했다.

"그리고 키읔은 키프로스 섬이었고."

페르세포네의 말에 아프로디테가 물었다.

"거기가 어디야?"

아테나가 대신 대답했다.

"터키 근처야. 그리스에서 동쪽, 이집트에서 북쪽에 있어. 영웅학 말판 기억나?"

아프로디테는 눈을 감고 머릿속에 말판을 그려 보았다. 지금까지 어느 나라가 어디에 붙어 있는지 별로 눈여겨본 적이 없었다는 게 후회되었다. 사랑과 미의 여신에게 지리 과목이 필요할 줄이야!

이번에는 하토르가 말을 꺼냈다.

"아래쪽에 오징어 다리같이 구불구불한 그림과 선은 우리 예상대로 피그말리온의 집으로 가는 지도였어."

그러자 아르테미스가 받아쳤다.

"참 나! 우리도 그건 진즉에 알아냈거든!"

아프로디테도 따지고 들었다.

"넌 도대체 왜 피그한테 그렇게 관심을 가지는 거야? 러브러브 클럽을 시작한 건 나라고. 피그는 나한테 편지를 쓴 거란 말이야."

그러나 이시스도 지지 않았다.

"그건 너도 확실히는 모르잖아. 그리고 내 허락도 없이 그런 클럽을 시작하다니. 너한텐 그럴 만한 권한이 없어. 사랑에 관한 일은 모두 내 담당이란 말이야."

말은 아프로디테에게 하고 있으면서도 이시스는 다시 하토르를 향해 눈총을 날렸다. 아무래도 하토르가 이시스에게 뭐라고 반발하기 전에 막으려는 것 같았다.

이윽고 하토르가 입을 열었다.

"피그말리온의 편지에는 너희 둘 이름은 나와 있지 않아. 그러니 어느 쪽도 자기 편지라고 주장할 순 없지."

아테나가 친구들에게 말했다.

"유감스럽게도 저 애 말이 맞아."

그러자 아프로디테가 말했다.

"그럼 둘 다 키프로스 섬으로 가서 피그말리온에게 누구에게 편지를 쓴 건지 말하라고 하지 뭐."

아프로디테의 제안에 이시스는 고개를 주억거렸다.

"좋아. 태양신 라의 배를 타고 가면 돼."

"이시스, 잠깐 나 좀 봐."

하토르가 이시스를 한쪽으로 끌고 가더니 뭐라고 속삭이자 이시스의 얼굴이 벌게졌다.

"태양이 하늘을 가로지르려면 하루 종일 걸린다는 걸 잊고 있었어!"

"그럼 내 수레를 타고 가자."

비록 이시스가 사랑의 여신이라는 자리를 두고 도전해 오는 건 마음에 들지 않았지만, 아프로디테는 어쩐지 하토르 앞에서는 이시스의 편을 들어 줘야 할 것 같았다. 그런데 다시 생각해 보니 그게 아니었다.

'어머나, 내가 지금 무슨 바보짓을 한 거야? 쟤네 둘은 친구잖아!'

"아프로디테, 우리가 같이 가 줄까?"

페르세포네의 물음에 아프로디테는 차분히 생각해 보았다.

'내 친구들이 같이 가면 이시스의 친구들도 가겠다고 나설 거야. 하지만 이건 나와 이시스, 둘 사이의 문제야. 친구들은 방학을 즐겨야지. 사회봉사 활동을 해야 하는 건 나지 친구들이 아니잖아!'

아프로디테는 마음을 굳게 먹고 고개를 흔들었다.

"아니야, 너희는 여기 있어. 관광도 하고, 즐거운 시간을 보내야지. 나도 가능한 빨리 돌아올게."

그러자 페르세포네가 물었다.

"우리 가방은 어쩌지?"

아테나도 물었다.

"어디서 묵어야 할까?"

그러자 마트가 나섰다.

"우리랑 같이 지내자. 학교 기숙사에서 지내면 돼."

바스테트도 거들었다.

"지금 우리 학교는 방학 중이거든. 그러니까 수업에 방해될 일도 없어."

바스테트는 목에 두른 고양이처럼 목소리가 부드럽게 가르랑거리는 데다 눈꼬리도 위로 살짝 올라가 있었다.

아르테미스가 맞장단을 쳤다.

"어, 우리도 방학인데."

아프로디테는 친구들에게 작별 인사를 했다. 아프로디테는 아테나와 포옹을 하며 고갯짓으로 하토르를 가리켰다.

"저 애를 조심해. 어쩐지 미덥지 않아."

아테나는 고개를 끄덕였다.

"응, 이시스도 저 애를 그다지 신뢰하지 않는 것 같아."

아프로디테가 백조 수레에 마법을 걸자 금세 커다랗게 변했다. 아프로디테는 수레에 가방을 던져 넣고 이시스와 함께 지중해를 건너 키프로스 섬으로 향했다. 몇 분 후 이시스가 카이로 동쪽을 가리켰다. 그곳에는 피라미드만큼이나 거대한 공 모양의 물체가 자리하고 있었다.

"저기가 우리 학교야."

"어, 왜 둥글어?"

"그야 위대하신 우리 라 님의 모습을 본떠 만들었으니까 그렇지."

아프로디테는 무슨 소리인지 통 이해할 수 없어 이시스를 멍하니 쳐다보았다.

"태양신 라 말이야. 우리 라 학교의 교장 선생님이기도 하셔."

"우리가 다니는 올림포스 학교는 그리스에서 가장 높은 산꼭대기에 있어."

"교장 선생님 성함이 올림포스이시니?"

아프로디테는 고개를 가로저었다.

"아니, 제우스 신이 교장 선생님이셔. 우리에 대해 전혀 모르다니 너무 이상하다. 우리가 온 곳에서는 갓난아이도 우리 이름을 알거든. 사실 우리를 숭배하지."

"그런 면에서는 우리 둘 사이에 공통점이 있는 셈이네. 이집트 사람들도 우리를 숭배하거든."

아프로디테와 이시스는 서로 마주 보며 방긋 웃었다. 아프로디테는 둘 사이에 어떤 유대감이 솟아오르는 걸 느꼈다. 그러나 바로 그 순간 서로가 맞수라는 사실이 떠올랐다. 아프로디테와 이시스는 동시에 고개를 홱 돌린 후 키프로스 섬에 도착할 때까지 한마디도 나누지 않았다.

5 여신 납시오!

　키프로스 섬은 이집트로부터 그리 멀지 않아서 아프로디테와 이시스는 금방 지중해를 바라보는 어느 절벽에 착륙했다. 둘이 땅에 폴짝 내려서자 수레가 다시 줄어들었고, 아프로디테는 그걸 주워서 가방에 담았다. 이어 아프로디테와 이시스는 각자 가진 편지를 펼쳐서 마주 댔다. 전체 지도를 다시 꼼꼼히 살펴보기 위해서였다.

　이시스가 돌로 포장된 길을 가리켰다.

　"피그말리온의 집은 이쪽인 것 같아."

　아프로디테도 고개를 끄덕였다.

　"가 보자."

　아프로디테와 이시스는 절벽 가장자리를 따라 이어지는 길을 걸어 내려갔다. 부드러운 산들바람이 불어와 둘의 머리칼을 살랑살랑 날리고 기다란 치맛자락을 흔들었다. 절벽 아래 파도가 찰랑이는 바다에는 돌고래와 고래가 즐겁게 헤엄치고 있었다. 키프로스 섬은 아름다운 곳으로 푸르른 초원에 야생 난초와 데이지 꽃, 그리고 이름 모를 야생화가 가득했다. 붉은 여우와 하얀 토끼가 두 여신 곁을 총총히 지나갔다. 아프로디테는 저절로 친구들이 떠올랐다.

　'나중에 셋을 이곳에 데리고 와야겠어. 이 아름다운 자연을 만끽할 수 있도록 해 줘야지. 페르세포네는 꽃을 보고 아주 좋아할 거고, 아르테미스는 동물들을 보고 정말 기뻐할 거야.'

이시스가 한숨을 폭 쉬더니 말했다.
　"여긴 정말 예쁜 곳이구나. 친구들을 데려왔으면 좋았을 텐데."
　아프로디테는 이시스를 휙 쳐다보았다. 둘의 생각이 어찌나 비슷한지 새삼 놀라지 않을 수 없었다.
　길을 따라 쭉 걸어가자 피그말리온의 이름이 쓰인 우편함이 보였고, 그 너머에 집 한 채가 있었다. 초가지붕에는 뿔이 동그랗게 말린 양 두 마리가 한가롭게 풀을 뜯고 있고, 대리석이나 화강암으로 만든 괴물 조각상이 앞뜰 곳곳에 흩어져 있었다. 그 조각상들은 바람이 불면 팔이나 머리가 빙글 돌아가거나, 눈알이 왔다 갔다 하며 움직이거나, 머리가 통통 튀었다. 생긴 건 이

상하게 생겼지만 만든 솜씨 자체는 아름답기 그지없었다. 그러나 대부분의 조각상이 웃자란 잡초와 덤불에 반쯤 파묻혀 있었고, 새들이 둥지를 틀고 있는 것도 있었다.

아프로디테와 이시스는 피그말리온의 집 너머에 채석장이 있는 걸 보았다.

"채석장에 살면서 이상하게 생긴 예술 장식품을 만들다니. 도대체 뭐 하는 사람이야?"

이시스가 이상하게 생긴 조각상을 빤히 쳐다보며 말했다. 그 조각상은 윗몸은 빙글빙글 도는 독수리에 아랫몸은 껑충껑충 뛰는 멧돼지의 모습을 하고 있었다.

"조각가일 거야."

아프로디테가 추측을 내어놓았다.

"조각가는 돌이 많이 필요하잖아. 저 요상한 조각상에 대해선 곧 알게 되겠지."

아프로디테와 이시스는 나란히 현관문으로 걸어갔다. 먼저 아프로디테가 문 앞에 달린 노끈을 잡아당겨 작은 종을 울렸다.

뎅그렁!

이시스가 아프로디테를 보며 활짝 웃었다.

"자기 집 현관에 여신이 둘이나 서 있는 걸 보면 피그말리온이 얼마나 놀랄까?"

아프로디테도 웃으며 대답했다.

"그러게, 인간에게는 절대 흔한 일이 아니지."

아프로디테는 얼른 립글로스를 새로 바르고, 기다란 금발을 매만졌다. 이시스는 비단 같은 머리채를 한쪽 어깨 뒤로 넘기고 허리에 한 손을 얹었다. 두 여신은 제대로 된 찬양과 경배를 받기 위해 멋진 자세를 취하고 문이 열리기를 기다렸다.

마침내 문이 휙 열리더니 갈색 머리칼과 갈색 눈동자를 가진 남자가 찜부럭한 표정으로 얼굴을 내밀었다. 남자는 한 손에 끌

을 들고 있었다.

아프로디테와 이시스는 피그말리온이 불멸의 존재가 가진 엄청난 아름다움에 감동받을 때까지 충분히 기다려 주었다. 그런데 피그말리온은 눈을 껌벅이더니 인상을 팍 쓰며 고개를 휘휘 저었다.

"아니, 됐어요. 미안한데, 가 줘요."

쾅!

피그말리온은 두 여신의 얼굴에 대고 문을 확 닫아 버렸다.

아프로디테와 이시스는 놀라서 서로를 멍하니 쳐다보았다.

"감히 어디다 대고!"

둘이 동시에 소리쳤다.

이번에는 이시스가 종을 울렸다. 피그말리온이 문을 열자 아프로디테가 대뜸 말했다.

"당신이 피그인가요? 아니, 그러니까 피그말리온이냐고요!"

피그말리온은 아까보다 더 신경질적인 목소리로 말을 내뱉었다.

"이봐요, 말했잖아요. 난 조각상 모델이 필요 없다니까요. 날 좀 귀찮게 하지 말아요!"

피그말리온은 다시 문을 쾅 닫아 버렸다.

여신이 눈앞에 서 있는데 인간이 문을 닫아 버리는 사건을 '두 번이나' 겪고 나니 아프로디테와 이시스는 웃음보가 터졌다. 이시스가 웃음을 겨우 멈추고 숨을 헉헉 몰아쉬며 말했다.

"어머, 우리가 자기한테 모델로 써 달라고 부탁하러 온 줄 아나 봐."

"맙소사. 한낱 인간이 여신을 거절하다니! 이게 상상이나 되는 일인가 몰라."

아프로디테가 대답하자 이시스가 한마디를 덧붙였다.

"미친 게 분명해!"

잠시 동안 아프로디테와 이시스는 단짝처럼 함께 깔깔거리고 웃으며 이 어리석기 짝이 없는 남자에 대해 눈을 빙빙 굴리며 어이없어했다. 하지만 아프로디테는 이내 서로가 경쟁 중이라는 사실이 떠올랐다. 동시에 이시스도 같은 생각을 한 것 같았다. 다음 순간 두 여신의 얼굴에서 웃음기가 싹 사라졌다.

아프로디테가 다시 종을 울렸다.

"이봐요, 피그! 문 열어요!"

문이 벌컥 열리더니 피그말리온이 짜증을 쏟아냈다.

"참 나. 잘 들어요. 이제 더는 말도 안 할……."

두 여신은 말없이 두 동강 난 편지를 들어 보였다. 아프로디테가 물었다.

"이거 당신이 쓴 건가요?"

피그말리온은 놀란 얼굴로 끌을 허리띠에 꽂더니 두 여신에게 반쪽짜리 편지를 각각 받아 들었다.

"맞아요. 이 편지를 어디서 구했죠? 왜 두 동강 나 있는 거예요?"

이시스가 대답했다.

"배달 올 때부터 그랬어요. 각각 반쪽씩 받았죠."

그러자 피그말리온은 짜증난다는 듯 샌들 신은 발로 바닥을 톡톡 치면서 대꾸했다.

"지금 그게 '내' 잘못이라는 거예요? 그런 문제라면 마법 바람한테 따져야 하는 거 아니냐고요! 난 이런 식으로 보낸 적 없어요."

피그말리온은 편지를 손으로 확 구기더니 뭔가를 겨냥하는 시늉을 하다가 두 여신 너머로 편지를 휙 던졌다. 편지는 크게 포물선을 그리며 앞뜰을 날아가 어느 조각상의 떡 벌린 입 속으로 툭 떨어졌다. 그러자 피그말리온이 자랑스럽게 외쳤다.

"명중!"

결국 아프로디테가 피그말리온에게 설명을 시작했다.

"이봐요. 우린 지금 편지가 두 동강 나서 온 데 대해 뭐라고 하는 게 아니에요. 우린 당신이 우리 둘 중 누구에게 보내려고 한 건지 알고 싶을 뿐이에요."

"난 사랑의 여신에게 편지를 보냈어요."

피그말리온은 갑자기 비밀이라도 털어놓듯 목소리를 확 낮추더니 말을 이었다.

"왜냐하면, 믿기 어렵겠지만 내가 연애 분야에서는 약간의 어려움을 겪고 있거든요."

아프로디테와 이시스는 동시에 대답했다.

"뭐, 난 사랑의 여신이니까……."

두 여신은 말을 멈춘 채 서로를 노려보았다. 그러다 동시에 다시 말을 꺼냈다.

"그건 내가 도와줄 수 있어요."

다시 험악한 눈길이 오고 갔다.

"정말요?"

피그말리온은 희망에 차서 환해진 얼굴로 두 여신을 번갈아 쳐다보았다.

"둘이서 날 도와준다고요?"

이시스는 고개를 가로저었다. 그러자 비단 같은 머릿결이 찰랑찰랑 흔들렸다.

"아니요."

"하지만 지금 도와준다고……."

"우리 둘 중 하나를 선택해야 해요."

아프로디테가 대답했다.

"내가 그런 걸 어떻게 해요? 난 당신들이 누군지도 모르는걸요. 여신이 맞기는 한지 내가 알 게 뭐예요."

갑자기 피그말리온이 불안해하며 눈을 휘둥그레 떴다.

"어쩜 당신들은 변장하고 있는 강도나 괴물일지도 모르죠!"

그 말과 함께 피그말리온은 또 문을 닫으려 들었다.

아프로디테는 속으로 생각했다.

'정말 무례하기 짝이 없는 인간이잖아! 조각상으로 확 바꿔 버릴까 보다.'

하지만 그랬다가는 영웅학 성적을 올리기 위한 추가 점수를 얻을 수 없을 터였다.

"잠깐만!"

아프로디테는 한 손을 문에 척 갖다 대고 문이 닫히지 않도록 막았다. 그리고 다른 손으로 허공에 원을 한 번 그리며 급히 마법을 펼쳤다. 대번에 뜰에 있던 조각상 중 하나가 공중으로 붕 떠오르더니 허공에서 춤추듯이 빙글빙글 돌았다. 이시스도 질세라 조각상이 다시 땅으로 내려오기 전에 3회전 공중제비를 돌게 만들었다.

아프로디테와 이시스는 피그말리온을 휙 쳐다보았다. 아프로디테가 물었다.

"이제 믿나요?"

피그말리온은 그제야 기세가 수그러든 눈치였다.

"알았어요. 그러니까 당신들은 여신이라는 거잖아요."

이시스가 고개를 끄덕였다.

"그리고 당신의 편지에 응답하기 위해 이 먼 길을 오기까지 했죠."

"아직도 짝을 찾고 있는 거죠? 그렇죠?"

아프로디테가 약간 불안해하며 물었다. 그러자 피그말리온의 얼굴이 붉어졌다.

"음, 예. 뭐 그런 셈이죠."

피그말리온은 눈길을 쓱 돌리더니 얼버무리며 말했다.

"들어오려면 들어와요."

피그말리온은 무심하게 한마디 툭 던지더니 돌아서 집 안으로 들어갔다. 두 여신더러 가려면 가고 남으려면 남으라는 식이었다.

이시스의 눈이 짜증으로 번들거렸다. 아프로디테도 이시스의 기분을 정확히 알 수 있었다. 이 피그말리온이라는 자는 와 달라고 초청할 때는 언제고, 마치 자신이 여신들의 '부탁'을 들어준다는 듯이 굴었다. 피그말리온의 요청을 여신들이 받아들이는 게 아니라 여신들이 돕도록 피그말리온이 허락한다는 식이었다.

'솔직히 그런 측면이 없지는 않지.'

아프로디테는 인정하지 않을 수 없었다. 어쨌거나 피그말리온을 돕는 데 성공하면 영웅학 성적을 올릴 수 있었다. 그렇다 하더라도 피그말리온은 아프로디테와 이시스를 여신이 아니라 자기 하인처럼 대했고, 그 이유만으로도 두꺼비나 그보다 못한 것으로 바뀌는 벌을 받아 마땅했다. 그러나 아프로디테는 그럴 엄두가 나지 않았다. 그랬다가는 이시스가 사랑의 여신 자리를 꿰차게 될 게 분명하니까. 그래서 아프로디테는 싸늘하게 한마디만 했다.

"어머나, 친절을 베풀어 주어서 정말 고맙네요."

"물론이죠."

피그말리온은 아프로디테가 비꼬고 있다는 걸 전혀 모르는 눈치였다. 두 여신은 피그말리온을 따라 어두침침한 복도를 지났다. 복도 벽에는 뱀과 용, 요정, 님프와 켄타우로스가 환상적으로 새겨져 있었다. 두 여신이 발걸음을 뗄 때마다 조각을 하고 남은 돌 부스러기가 섬세한 샌들 바닥에 빠지직 하고 부서졌다. 아프로디테는 공중에 떠다니는 먼지 때문에 "에취!" 하고 재채기를 했다.

"이걸 모두 당신이 만들었나요?"

이시스가 복도를 둘러보며 물었다.

"당연하죠."

아프로디테가 감탄하며 말했다.

"훌륭한 작품이네요."

그러자 피그말리온은 어깨를 한 번 으쓱하더니 별일 아니라는 투로 말했다.

"아, 나도 알아요. 내가 이 바닥에서 괜히 유명하겠어요?"

아프로디테는 다시 속으로 생각했다.

'어쩜, 아예 겸손한 척조차도 안 하네. 하긴 편지를 봤을 때 이 남자가 우쭐대는 면이 있다는 걸 눈치챘어야 했어. 자신은 놀라운 실력을 가졌다고 직접 써 놨잖아. 이렇게 눈치도 없고, 거만하기 짝이 없는 남자랑 누가 사귀고 싶겠어?'

그러나 아프로디테는 얼른 마음을 고쳐먹었다.

'아냐, 누구에게나 짝은 있기 마련이야.'

마침내 두 여신은 피그말리온을 따라 커다란 방에 도착했다. 아마 피그말리온의 작업실인 것 같았다. 사방에 조각 도구들이 널려 있고, 크기나 모양이나 주제가 다 다른 온갖 조각이 늘어서 있었다. 아프로디테와 이시스는 작품의 아름다움에 이끌려 조각상 사이를 천천히 돌아다녔다. 그런데 작업실 뒤쪽으로 가자 어떤 기다란 조각상에 천이 씌워져 있었다. 아프로디테가 슬쩍 한 번 보려고 덮개를 들어 올리려 하자 피그말리온이 달려오더니 조각상을 보호하기라도 하듯 확 끌어안았다. 그 바람에 아프로디테는 엉거주춤 뒤로 물러났다.

피그말리온이 버럭 소리를 질렀다.

"안 돼요! 이건 아직 미완성이란 말이에요!"

"어휴, 잘난 척 좀 그만해."

아프로디테가 속삭이듯 중얼거렸다. 아프로디테는 곁눈질로 이시스가 자기 말을 듣고 키득대는 걸 보았다.

피그말리온은 요란 떨었던 걸 약간 머쓱해하며 말했다.

"미안해요. 난 누가 미완성 작품 보는 걸 싫어해요."

정체불명의 조각상에서 두 여신의 주의를 돌리려는 듯 피그말리온은 갑자기 통나무 두 덩이를 집어 들었다.

"자, 여길 봐요!"

피그말리온은 번개 같은 속도로 끌로 나무를 쓱쓱 쳐냈다. 얼마 지나지 않아 작업을 마친 피그말리온은 아프로디테와 이시스에게 작은 조각상을 하나씩 건네주었다.

"오, 신이시여!"

아프로디테가 감탄을 터뜨렸다. 피그말리온이 건넨 것은 두 여신과 똑같이 생긴 조각상이었다. 조금 전에 현관에서 피그말리온을 만나기 전 취했던 자세 그대로 조각되어 있었다. 아프로디테는 피그말리온이 만들어 낸 자기 모습을 손가락 끝으로 부드럽게 쓰다듬었다.

"정말 나랑 똑같이 생겼어."

이시스도 거들었다.

"너무 생생해서 금방이라도 말을 할 것 같아."

그 말을 듣고 아프로디테는 생각했다.

'응? 혹시 지금 이시스가 나보다 더 칭찬하려고 드는 걸까?'

아프로디테는 만일을 대비해서 한마디를 더했다.

"올림포스 산 전체를 통틀어서 이보다 더 아름다운 건 본 적이 없어!"

그러자 이시스가 인상을 팍 썼다.

"그래? 난 이집트 전체를 통틀어 이보다 더 정교한 건 본 적이 없는걸!"

그때 피그말리온은 그런 말 따윈 필요 없다는 듯 손을 흔들었다. 그러고는 다시 끌을 들고 작업대에 놓여 있는 복숭아 빛깔 돌덩이를 깎기 시작했다.

"나도 내 작품이 완벽하다는 거 알아요. 그러니 나한테 사탕발림할 필요 없고, 그냥 대답만 해 줘요. 날 도와줄 수 있나요?"

아프로디테는 열정적으로 대답했다.

"당연하죠. 난 고독한 사람들을 위한 질문지도 만들었는걸요. 그 질문지에 답하면 내가 당신의 이상형을 찾는 데 도움이 될 거예요."

그러나 피그말리온은 손을 설레설레 휘저었다.

"질문지요? 난 누가 묻는 것에 대답하는 걸 싫어해요. 그리고 그런 걸 하고 있을 시간도 없고요!"

"하지만……."

아프로디테가 반발하려 하자 이시스가 쏙 끼어들었다.

"난 당신한테 질문지 같은 거에 답하라고 안 할 거예요."

"나도 꼭 해야 한다고 한 적 없거든."

아프로디테가 쏘아붙였다. 피그말리온이 이시스를 선택하게 둘 수는 없었다. 따지고 보면 질문지를 만든 이유도 클럽 회원에게 짝을 빨리 찾아 주는 데 도움이 될 거라고 계산했기 때문이었다.

"질문지 없이도 당신의 이상형을 찾아 줄 수 있어요. 그리스 여자로요!"

아프로디테는 한마디를 덧붙였다.

"그리스 여자들이 세상에서 가장 똑똑하고, 재능 넘치고, 아름다우니까요."

이시스도 지지 않았다.

"이집트 여자들은 더 똑똑하고, 더 재능 넘치고, 더 아름다워요. 그리고 이집트 인은 위대한 조각품에 대해서도 잘 안다고요. 스핑크스만 해도 그렇잖아요!"

그러자 아프로디테가 콧방귀를 흥 뀌었다.

"그리스 사람들이야말로 진짜 조각가야. 로도스의 거상이나 올림피아의 제우스 상은 세계 7대 불가사의에도 들어 있다고."

이시스가 얼른 되받아쳤다.

"어, 그래? 피라미드도 마찬가지야."

피그말리온이 손을 번쩍 들어 두 여신의 입씨름을 막았다.

"우아! 아니 왜 그렇게 나한테 잘 보이려고 애쓰는 거예요?"

이시스가 먼저 대답했다.

"왜냐하면 당신의 편지가 우리한테 반쪽씩 배달되었으니까요."

"하지만 진정한 사랑의 여신은 하나뿐이니까요."

아프로디테는 얼른 한마디를 더했다.

"그리고 그건 나예요."

아프로디테는 이시스를 차갑게 쏘아보았다.

"내 생각은 다른걸."

이시스도 아프로디테를 매섭게 노려보았다.

아프로디테와 이시스는 동시에 고개를 휙 돌리고 피그말리온을 쳐다보았다.

"그래서 당신은 우리 둘 중 누구를 택할 건가요?"

아프로디테가 묻자 갑자기 피그말리온의 갈색 눈동자가 짓궂은 장난기로 반짝반짝 빛났다.

"오호라! 둘 중 누가 진정한 사랑의 여신인지 '내가' 정한단 말이죠? 야호! 이거 재미있겠는걸!"

아프로디테와 이시스는 서로를 흘끔 쳐다보았다. 피그말리온의 눈빛이 어쩐지 염려스럽기만 했다.

"흐으음. 자, 봅시다. 누구를 골라야 할까요?"

피그말리온은 끌 끝으로 두 여신을 번갈아 가리키며 노래를 불렀다.

"어느 여신을 고를까요? 알아맞혀 봅시다. 답은 둘 다예요!"

"엥?"

아프로디테와 이시스가 동시에 소리쳤다.

피그말리온은 신이 나서 싱글벙글 웃으며 두 여신을 바라보았다.

"어느 쪽이 유일하고도 진정한 사랑의 여신인지 시합을 통해 알아보자고요. 엄청 재미있을 것 같지 않아요? 어느 쪽이든 내 이상형의 여인을 데려오는 쪽이 이기는 거예요. 어때요? 동의 하나요?"

아프로디테는 인상을 팍 썼다.

'짜증나지만 달리 방법이 없잖아? 게다가 시합에서 이기면 그만이니까!'

아프로디테는 잠시 머뭇거리다가 대답했다.

"좋아요."

"나도 좋아요."

이시스도 대답하자 피그말리온이 말했다.

"좋아요, 좋습니다. 자, 그럼 난 할 일이 있어요. 두 분도 마찬가지죠! 그럼 각자 일을 시작하자고요."

그 말과 함께 피그말리온은 두 여신을 현관으로 몰고 갔다. 복도를 지나며 피그말리온이 물었다.

"내 짝을 찾는 데 시간이 얼마나 걸리죠?"

이시스가 먼저 대답했다.

"아마 2……."

"2분이라고요? 굉장하네요."

피그말리온이 좋아하며 말하자 이시스가 눈을 치뜨며 날카롭게 대답했다.

"난 2개월이라고 말하려던 참이에요!"

피그말리온은 고개를 설레설레 저었다.

"어, 그건 안 돼요. 너무 오래 걸리잖아요. 두 시간 정도로 하죠? 됐죠?"

"지금 장난하는 거예요?"

아프로디테가 쏘아붙였다. 아프로디테는 피그말리온을 두꺼비로 확 바꿔 버리고 싶어서 손이 근질거렸다.

'아니면 한 대 퍽 치고 싶어. 아니 두꺼비로 확 바꾸고 한 대 퍽 치면 좋겠어.'

"2주 어때요?"

이시스가 제안하자 피그말리온은 현관문을 열며 대답했다.

"좋아요. 이틀로 하죠."

아프로디테와 이시스는 깜짝 놀라 서로를 쳐다보았다. 누구라도 이틀 안에 진정한 짝을 찾아낼 수는 없는 법이었다!

"각각 세 명씩 후보를 데리고 오도록 해요."

피그말리온이 현관을 나서려는 두 여신을 향해 일렀다.

"그중 나한테 완벽한 짝이 있으면 그 사람을 데리고 온 쪽을 진정한 사랑의 여신이라고 선언할 거예요."

피그말리온은 아프로디테와 이시스에게 건방진 태도로 경례를 붙였다.

"또 보자고요!"

피그말리온은 두 여신 앞에서 문을 쾅 닫아 버렸다.

"이틀이라고? 이건 가망 없는 짓이야."

아프로디테는 고개를 설레설레 저었다. 그러자 이시스가 물었다.

"그럼 포기하겠다는 거야?"

아프로디테는 지금이 어떤 상황인지 떠올리고 처진 어깨를 쭉 폈다.

"절대 그럴 수는 없지. 이시스, 넌?"

"나도 포기 안 해. 그럼 이틀 뒤에 여기서 다시 만나는 거지?"

"좋아. 난 집으로 돌아갈 건데 그 전에 널 카이로에 먼저 데려다 줄까?"

이시스는 고개를 가로저었다. 머리에 단 구슬 장식이 부드럽게 찰랑거렸다.

"라의 배가 바로 저기에 있어."

이시스는 저물어 가는 해를 가리켰다.

"가서 태워 달라고 하면 돼."

그러자 아프로디테가 말했다.

"그럼 난 바로 그리스로 갈게. 혹시 카이로에 있는 내 친구들에게 편지 좀 전해 줄 수 있니?"

이시스는 상냥하게 답했다.

"당연하지."

아프로디테는 가방에서 파피루스 한 장을 꺼내어 일이 어떻게 돌아가고 있는지 편지를 썼다. 이시스가 편지를 받아 들자 둘은 각자 갈 길로 떠났다.

잠시 후 아프로디테의 백조들이 황금 수레를 끌고 하늘로 날아올라 올림포스 학교로 향했다. 아프로디테는 이시스가 기다란 배에 올라타는 모습을 지켜보았다. 그 배에는 저물어 가는 해가 실려 있고, 몸이 건장한 신이 키를 잡고 바다와 하늘이 맞닿은 곳으로 배를 천천히 몰았다. 배 주변의 하늘이 진홍빛, 분

홍빛과 금빛으로 물들어 갔다. 배가 수평선 너머로 사라지기 직전 이시스가 고개를 돌리고서 아프로디테를 쳐다보았다. 이시스는 결심을 단단히 한 표정이었다.

아프로디테도 투지를 불태우며 이시스의 눈길을 마주했다.

'흥, 사랑의 게임에서 날 이길 수 있다고 여긴다면 다시 생각해 보는 게 좋을 거야!'

6 바쁘다, 바빠

　아프로디테는 올림포스 학교 뜰에 도착하자마자 파마가 계단을 쪼르르 달려 내려오는 모습을 보았다. 아프로디테는 서둘러 백조 수레를 작게 만들고 파마를 손짓해 불렀다.
　"널 만나서 정말 다행이야. 새로운 소식이 있어!"
　아프로디테가 파마에게 말을 걸며 여행 가방을 질질 끌었다.
　'이럴 줄 알았으면 짐을 가볍게 싸는 건데. 카이로에서 하루도 묵지 않을 줄이야!'
　파마는 호기심에 눈이 말똥말똥해졌다.
　"뭔데? 어서 말해 봐."
　아프로디테가 사연을 털어놓았다.

"내가 이번에 아주, 음, 특별한 남자의 짝을 찾아 주기로 했어. 그래서 네 도움이 필요해."

아프로디테는 가방에서 파피루스 한 장을 꺼내더니 계단 맨 아래 칸에 앉아서 글을 쓰기 시작했다. 이번에는 절대로 파마가 메시지를 혼동하는 일이 없어야 했다.

"그 남자 이름이 뭔데?"

파마가 아프로디테 곁에 앉더니 열을 내며 물었다.

"부자야? 잘생겼어? 똑똑해? 재미있는 사람이니? 어디에 살아?"

아프로디테는 글을 써 내려가며 대답했다.

"미안해. 지금은 자세한 사항을 밝힐 수 없어."

혹시라도 정보를 밝혔다가 여자들이 곧바로 피그말리온의 집으로 찾아갈 수도 있었다.

'안 돼! 내가 직접 피그말리온에게 후보자를 선보여야 해. 그래야 그중 한 사람과 사랑에 빠지게 되었을 때 피그말리온이 내가 유일하고 진정한 사랑의 여신이라고 밝힐 것 아냐!'

아프로디테는 글을 쓰다 말고 승리의 순간을 상상해 보았다. 트럼펫이 빰빠밤 울려 퍼지고 사람들이 알록달록한 깃발을 흔들며 "와!" 하고 환성을 지르는 모습이 눈에 선했다.

'그때 새빨간 색깔 키톤을 입어야 할까? 아니면 새로 장만한 남빛 키톤을 입을까? 음, 역시 빨간색이 좋겠어.'

아프로디테는 공상을 잠시 미루고 다시 글을 썼다.

"대신 이건 알려 줄게. 이 남자는 사랑을 찾고 있는 정말 고독한 사람이야."

"어머나, 사랑스러워라! 어쩐지 매력적이기까지 한걸."

파마는 흥미가 단단히 도는 것 같았다.

아프로디테는 다시 이야기를 이어 갔다.

"난 대회를 열어서 그 사람에게 어울리는 짝을 찾아 줄 작정이야. 그 부분에서 네 도움이 필요해. 대회 소식을 세상에 퍼뜨려 줘. 그리스 아가씨들에게 이 특별한 남자의 사랑을 차지하기 위해 경쟁할 마음이 있으면 내일 아침 아테네 광장으로 모이라고 해. 내가 지원자들을 만나서 이야기를 나누어 본 다음 세 사람을 뽑아서 내 의뢰인에게 선보일 거야."

"가장 예쁜 여자 세 명을 뽑는 거니?"

파마가 물었다.

"꼭 그렇지는 않아."

아프로디테는 글을 다 쓰고 나서 펜촉으로 파피루스의 양쪽 귀퉁이에 구멍을 뚫었다. 그러고는 여행 가방에서 황금 사슬 목걸이를 꺼내 구멍에 통과시키며 말을 이었다.

"내가 염두에 두고 있는 남자에게 가장 어울린다고 판단되는 사람을 고를 거야."

물론 그러려면 그렇게 눈치 없고, 짜증나고, 자기 자랑하기 좋아하는 남자를 받아 줄 만큼 엄청나게 인내심이 강한 여자를 찾아내야 했다.

'아, 정말이지 까다로운 주문이야. 그래도 피그말리온은 재능이 있잖아. 그 점을 높이 사고 나머지는 다 흘려 넘길 수 있는 여자를 찾으면 돼.'

아프로디테는 계속 스스로에게 되새겼다.

'누구에게나 짝은 있어.'

아프로디테와 파마는 때마침 헤르메스가 소포를 한가득 들고 학교 뜰을 지나 전차로 가는 모습을 보았다. 파마가 자리에서 벌떡 일어나더니 헤르메스를 향해 크게 손을 휘저었다.

"잠시만요!"

파마가 대뜸 뛰어가려 하자 아프로디테는 얼른 파마의 키톤 자락을 붙잡아 세웠다. 파마는 옷자락을 빼며 아프로디테의 손에서 빠져나가려 버둥거렸다.

"얼른 놔줘! 네가 대회를 연다는 소식을 전해야 할 거 아냐? 헤르메스의 전차를 얻어 타고 그리스로 가려면 서둘러야 해."

"일단 나한테 약속부터 해. 그리스에 있는 동안 내내 이걸 매고 다닌다고 말이야."

아프로디테는 파마의 목에 황금 목걸이를 둘러 주고 잠금장치를 딸깍 잠갔다. 그러자 아프로디테가 만든 파피루스 광고가 파마의 가슴팍에 걸렸다.

파마는 아프로디테가 파피루스에 뭐라고 썼는지 확인조차 하지 않고 고개를 열심히 끄덕였다.

"약속할게."

그 광고에는 대회에 관한 자세한 안내사항이 쓰여 있을 뿐이지만, 얼마든지 '날 한 대 쥐어박으세요.'라고 쓰여 있을 수도 있었다. 그러나 파마는 어서 소문을 퍼뜨리고 싶은 마음뿐이었다. 아프로디테가 손을 놓자마자 파마는 샌들에 불이라도 붙은 듯이 헤르메스의 전차 쪽으로 쌩하고 달려갔다. 그래도 아프로디테는 마음이 한결 놓였다. 이번에는 파마가 아무리 소식을 엉망으로 뒤틀어도 사람들이 파마의 가슴팍에 걸린 광고를 보고 대회에 대한 소식을 정확히 알 수 있을 터였다.

아프로디테는 다시 여행 가방을 질질 끌고 헉헉대며 계단을 올랐다. 여느 때라면 남학생들이 들고 있던 걸 내팽개친 채 서로 돕겠다고 아우성을 칠 텐데, 오늘은 공교롭게도 한 명도 보이지 않았다. 대부분이 방학을 맞아 학교를 떠났기 때문이었다. 그리고 5층 남자 기숙사에서 아폴론의 밴드가 연습하는 소리가 들리는 것으로 미루어 학교에 남아 있는 남학생들은 모두 위층에 가서 음악을 듣고 있는 것 같았다. 하필 아프로디테에게 도움이 필요한 순간 아무도 그 사실을 몰랐다!

"고생 점수만큼은 B를 줄게."

아프로디테에게 그런 못된 농담을 할 사람은 메두사밖에 없었다. 아프로디테가 고개를 들자 아니나 다를까 초록색 피부의 메두사가 손에 두루마리를 쥔 채 몇 계단 위에 서서 길을 막고 있었다.

"좀 비켜 주면 나도 B를 줄게."

아프로디테가 받아치자 메두사는 옆으로 비키더니만 아프로디테와 보조를 맞추어 걷기 시작했다. 메두사는 걸음을 뗄 때마다 들고 있던 두루마리 끝으로 다리를 톡톡 쳤다.

"성적 이야기가 나와서 말인데, 너 영웅학 점수로 뭘 받았는지 끝까지 말 안 했지?"

아프로디테는 계단 꼭대기에 가방을 쿵 떨어뜨리더니 메두사를 휙 노려보았다. 지치기도 하고 분통이 터졌다. 아프로디테는 팔을 쫙 펼치며 슬쩍 거짓말을 했다.

"오 신이시여! 그래, 나 B 받았어. 됐니?"

그러자 메두사의 뱀들이 쉿쉿 거렸다. 마치 아프로디테가 진실을 말하고 있지 않다며 '의심스러워.'라고 속삭이는 것 같았다. 메두사도 아프로디테의 말을 못 믿겠다는 듯이 한쪽 눈썹을 치켜세웠다.

"어머, 연기의 여왕께서 그렇다고 하면 그런 거지 뭐."

아프로디테로서는 도무지 이유를 모르겠지만, 어째서인지 메두사는 거의 1학년 때부터 아프로디테에 대해 앙심을 품고 있었다. 갑자기 아프로디테는 메두사의 놀림과 욕이 지긋지긋해져 대놓고 물었다.

"넌 왜 그렇게 날 싫어하는 거야?"

아프로디테가 직설적으로 묻자 메두사는 깜짝 놀라서 눈이 휘둥그레졌다. 이번만큼은 메두사도 '독살스런' 대답을 날리지 않았다.

아프로디테가 다시 물었다.

"혹시 난 불멸의 존재이고 넌 인간인 것 때문에 그러는 거야? 아니면 내가 인기가 많아서 그러는 거니?"

"아냐!"

메두사는 성난 눈으로 아프로디테를 쏘아보며 툭 내뱉었다.

"네가 너무 행복하기 때문이야."

"뭐? 내가 행복해서라고?"

아프로디테는 메두사한테서 그런 말을 듣게 되리라고는 꿈에도 상상하지 못했다.

메두사는 고개를 천천히 주억거리더니 말을 이었다.

"짜증난단 말이야. 넌 늘 뭐든 밝은 면을 보고 어디서나 사랑의 가능성을 발견하잖아. 웩!"

메두사는 입에 손가락을 넣고 구역질하는 시늉을 해 보이다가 다시 투덜거렸다.

"넌 예쁘니까 모든 일이 쉽게 되는

거야. 넌 노력조차 안 하는데 남자애들은 모두 널 좋아해. 넌 똑똑하지도 않은데 선생님들이 성적을 좋게 주잖아. 불공평해."

'똑똑하지도 않다고? 또 저 소리야! 예쁘면 멍청할 거라는 지레짐작!'

아프로디테가 뒤로 한 발짝을 뗐다. 아프로디테는 분통을 터뜨리며 고함을 질렀다.

"넌 내가 그렇게 행복하게만 보이니?"

그 순간만큼은 아프로디테도 인상을 쓰느라 이마에 주름이 잡히는 걸 신경 쓰지 않았다.

'교장 선생님도 키클롭스 선생님도 나한테 화가 나 있고, 사랑의 여신 자리도 위험한 데다, 영웅학 성적도 사실은 D라는 걸 메두사가 안다면 어떻게 나올까?'

그러나 그 사실을 털어놓을 수는 없었다. 대신 아프로디테는 이렇게 말했다.

"나도 절대 네 생각처럼 쉽게 사는 건 아니거든!"

"흥, 우는 소리는 딴 데 가서 하시지. 난 관심 없으니까."

메두사가 차갑게 비웃었다. 메두사는 아프로디테의 말을 전혀 믿지 않거나 아니면 적어도 아프로디테가 상황을 지나치게 부풀리며 또 엄살을 떤다고 여기는 눈치였다.

"자."

메두사는 들고 있던 두루마리를 아프로디테의 손바닥에 탁 내려놓더니 성큼성큼 걸어가 버렸다.

아프로디테는 그 두루마리가 아침에 메두사의 방에 밀어 넣었던 질문지라는 걸 알아보았다. 질문지를 한쪽 팔에 낀 채 아프로디테는 다시 가방을 질질 끌며 걸음을 뗐다.

'어휴, 나도 참. 메두사가 날 동정해 줄 거라고 여긴 거야?'

아프로디테가 방에 도착했더니 문 밑에 판도라의 질문지가 반쯤 밀어 넣어져 있었다. 그러나 정작 러브러브 클럽용 우편함에는 편지가 없었다. 아프로디테는 더욱 피그말리온을 돕는 일에 성공해야 했다. 모든 것이 그 일에 달려 있었다. 사랑의 여신 자리를 되찾고, 사람들의 마음을 사고, 제우스 신의 화를 가라앉히고, 키클롭스 선생님이 아프로디테의 사회봉사 활동을 성공적으로 여기고 성적을 올려 줄 수 있는 유일한 기회였다.

'무조건 이겨야 해. 안 그러면 영원히 실패자로 남을 거야!'

아프로디테는 여분의 침대에 가방을 던져 놓고 백조 수레를 장식장에 올려놓았다. 너무나 피곤했다! 그리고 배가 고팠다. 그래서 아프로디테는 메두사와 판도라의 답을 들고 식당으로 향했다. 조금 전에 그런 소리를 듣고도 메두사를 돕고 싶지는 않았지만, 그래도 두 아이가 뭐라고 답했는지 궁금했다. 아프로디테는 넥타르 한 통과 암브로시아 샐러드, 행복 수프를 쟁반에 담고 자리에 앉아 질문지의 답을 살펴보았다.

아프로디테는 질문지를 작성할 때 몇몇 항목은 가장 친한 친구들을 염두에 두고 만들었다. 예를 들어, '어떤 동물을 좋아하느냐'는 질문은 아르테미스를 생각하며 넣은 항목이었다.

그 질문에 대한 판도라의 답은 '?'이었다. 사실 판도라는 몇몇 질문에 답으로 물음표를 써 두었다.

'뭐, 판도라를 생각하면 놀랄 일도 아니지.'

좋아하는 동물에 대한 메두사의 대답은 '파충류'였다.

'아무렴. 어련하시겠어?'

아프로디테는 선택형 문제의 답을 쓱 훑어보았다.

- 당신은 자신의 어떤 점이 좋은가요? (한 가지를 골라 주세요.)

  ☐ 성격이 좋다.

  ☐ 똑똑하다.

  ☐ 다른 이들에게 좋은 친구가 되어 준다.

  ☐ 예쁘다. 혹은 잘생겼다.

  ☐ 창의적이다.

☐ 비밀을 잘 지킨다.

☐ 기타 _____

판도라는 '기타' 란에 표시를 하고 그 옆 빈자리에 '모든 것이 궁금하다는 점?'이라고 썼다.

메두사는 모든 항목에 해당 표시를 하고 '기타' 란에는 '나는 피부가 초록색이다.'라고 썼다.

아프로디테는 메두사의 답에 웃음이 터지려는 걸 억지로 참았다. 비록 메두사가 모든 항목에 해당한다고 답했지만 아까 아프로디테에게 했던 말을 돌이켜 보면 겉으로 자신감 넘치는 척해도 속으로는 그렇지 않다는 걸 알 수 있었다.

아프로디테는 누가 자기를 쳐다보는 것 같아서 고개를 들고 주변을 둘러보았다. 많은 학생이 방학을 맞아 학교를 떠났기 때문에 식당은 사실상 텅 비어 있었다. 아프로디테는 자신이 이렇게 앉아서 일을 하고 있는 동안 다른 학생은 방학을 즐기러 떠나 있다는 사실을 너무 섭섭해하지 않으려고 애썼다.

아프로디테의 자리에서 세 번째 탁자에 판도라가 헤파이스토스의 여자 친구 아글라이아와 함께 앉아 있었다. 아프로디테와 눈이 마주치자 판도라는 손을 흔들어 인사를 건넸다. 아프로디테는 방긋 웃어 주었지만 두 아이에게 같이 앉자고 권하지는 않았다.

'판도라가 옆에 앉아 질문을 쏟아 내면 질문지를 읽어 볼 수 없을 거야!'

한편 메두사는 쌍둥이 언니들과 함께 있었다. 아프로디테와 눈이 마주치자 메두사는 갑자기 쑥스러운 듯이 눈길을 휙 돌려 버렸다.

'엥? 지금 쑥스러워하는 거야? 천하의 메두사가?'

그제야 아프로디테는 깨달았다.

'아, 이 두 사람에겐 내 클럽이 중요한 문제구나.'

메두사와 판도라 둘 다 솔직히 외로운 아이들이고, 아프로디테가 그들을 좋아해 줄 누군가와 맺어 주기를 바라고 있었다. 아프로디테는 마음이 뭉클해져서 두 아이의 답을 더 자세히 검토해 보았다. 키클롭스 선생님은 메두사나 판도라를 도와주는 건 성적에 반영할 수 없다고 했지만 그래도 둘은 여전히 아프로디테의 도움을 필요로 했다! 아프로디테는 얼른 나머지 질문에 대한 답을 쭉 훑어보았다. 주로 아래와 같은 질문들이었다.

- 친구들은 당신을 어떻게 묘사하나요?

- 당신이 좋은 짝이 될 수 있는 장점은 무엇인가요?
- 바라는 이상형을 묘사할 수 있나요?

마지막 질문에 대한 판도라의 대답은 다음과 같았다.

물을 좋아하고 청록색 피부를 가진 소년 신 정도?

한편 메두사는 다음과 같이 대답했다.

청록색 피부에 분수, 바다, 삼지창을 좋아하는 소년 신.

'어머나!'

올림포스 학교를 통틀어 청록색 피부를 가진 남학생은 포세이돈밖에 없었다. 솔직히 아프로디테는 그 대답이 충격적이지는 않았다. 오래전부터 메두사와 판도라 둘 다 포세이돈을 좋아한다는 걸 눈치채고 있었고, 질문지의 답은 아프로디테의 짐작이 맞았다는 걸 증명해 보였다. 판도라는 어느 누구보다도 포세이돈에게 더 많은 질문을 퍼부었고, 메두사는 종종 포세이돈 편을 들었다. 사랑의 여신으로서 아프로디테는 그런 아주 사소한 부분을 자연스럽게 알아차렸고 기억에 담아 두었다.

  아프로디테는 포세이돈을 찾아 식당을 휘휘 둘러보았다. 포세이돈은 다른 식탁에 앉아 친한 친구 아폴론, 아레스, 디오니소스와 농담을 하며 껄껄대고 있었다. 소년 신들은 점심 식사를 마치고서 두루마리 교과서, 쟁반, 넥타르 통, 그리고 쟁반에 있던 잡스러운 물건을 쌓아서 일종의 탑을 만들었다. 아프로디테는 판도라와 메두사 둘 다 똑같이 홀딱 반한 표정을 지은 채 포세이돈을 바라보고 있다는 걸 알아차렸다.

  그러나 아프로디테가 보기에 분명히 포세이돈은 두 소녀가 자신을 좋아한다는 걸 전혀 모르고 있었다.

  '아, 때로 소년 신들은 너무 멍청하다니까. 아니면 포세이돈은 메두사나 판도라가 자신을 좋아하는 만큼 두 아이에게 마음이 가지 않아서 괜히 부추기지 않으려고 일부러 모르는 척하는 것일 수도 있어.'

  아프로디테는 이마를 벅벅 문질렀다. 당장 오늘 밤에 문제를 해

결하기에는 몸이 너무 지쳐 있었다.

아프로디테는 쟁반을 반납하러 가다가 가까운 게시판에서 포스터 한 장을 보았다. 곧 있을 댄스파티에서 아폴론의 밴드인 천상천하가 연주를 한다는 내용인 것 같았다.

'아, 맞다. 댄스파티를 잊고 있었네.'

올림포스 학교에는 영웅 주간이 끝날 때 모든 학생과 선생님이 영웅 분장을 하고 댄스파티를 여는 전통이 있었다.

"갈 거야?"

아르테미스의 쌍둥이 동생 아폴론이 불쑥 물었다. 아프로디테가 돌아서 보니 아폴론과 디오니소스, 아레스가 쟁반을 반납하려고 바로 뒤에 서 있었다.

디오니소스가 게시판의 광고를 가리키며 말했다.

"이번 주말에 열리는 영웅 주간 기념 댄스파티에서 우리 밴드가 연주를 할 거야."

"음, 나야 춤추는 거 좋아하지."

아프로디테의 대답에 아폴론이 웃음을 터뜨렸다.

"그래, 우리도 잘 알아."

아프로디테는 하품이 나려는 걸 참아 가며 남학생들을 향해 방긋 웃어 주었다.

"그리고 난 너희 밴드 음악도 좋아해. 그런데 내가 요즘 좀 바쁘거든. 그래도 잠시 들르기는 할게."

지금 아프로디테에게 댄스파티는 우선순위의 맨 끝에나 있을락 말락 한 문제였다. 그러나 아프로디테는 친구들에게 힘이 되어 주고 싶었고, 천상천하 밴드의 음악도 정말 좋아했다.

아레스가 아프로디테에게 물었다.

"약속하는 거야? 우린 주말까지 시간 맞춰서 새 노래를 연습하느라 방학 내내 학교에 있을 거란 말이야."

아프로디테는 아레스를 올려다보았다.

'어머, 지난 주 동안 키가 또 몇 센티미터나 큰 건가? 게다가 더 잘생겨지기라도 한 거야?'

아프로디테와 아레스는 완전히 헤어진 사이였지만, 그래도 아프로디테의 심장은 익숙한 콩닥거림을 시작했다.

'혹시 우리 사이에 대해서 다시 생각해 보기로 한 걸까?'

그러나 아레스는 아프로디테의 희망을 여지없이 팡 터뜨려 버렸다.

"네 친구들도 데려오면 정말 기쁘겠어."

엎친 데 덮친 격으로 디오니소스가 아프로디테를 슬슬 놀리기까지 했다.

 "아레스는 순전히 여학생들이 자기한테 반했으면 해서 밴드에 들어온 거야."

 그러자 아레스가 디오니소스의 팔을 치는 시늉을 했다. 그 모습을 보며 아프로디테는 속으로 뇌까렸다.

 '어휴, 그럴 줄 알았어.'

 아프로디테는 본심을 숨기고 대답했다.

 "좋아, 물론이지. 얘기 전할게. 나중에 보자."

 방으로 돌아온 아프로디테는 하트 모양 베개에 머리를 누이자마자 그대로 잠들어 버렸다.

 다음 날 아침, 아프로디테는 여행 가방을 풀고, 샤워를 하고, 옷을 입고, 얼른 아침을 먹은 다음, 다시 백조 수레에 마법을 걸어 그리스로 날아갔다. 아테나의 이름을 본뜬 아테네 시에 내린 아프로디테는 아고라 광장에 서 있는 기나긴 줄을 보았다. 멋진 돌기둥 건물 이쪽 끝부터 반대쪽 끝까지 젊은 여자들이 늘어서 있는데, 심지어 건물 뒤까지 구불구불 줄이 이어지고 있었다.

'어머, 어느 가게에서 크게 세일을 하나 보네.'

아프로디테는 쇼핑 행렬에 동참할 시간이 없어 못내 아쉬울 따름이었다.

"아프로디테, 왔구나!"

아프로디테가 줄어든 수레를 가방에 넣고 있는데 파마가 헐레벌떡 다가오더니 광장 쪽을 가리켰다.

"참가자 수가 정말 엄청나지 않니?"

그 말을 들은 아프로디테는 입이 딱 벌어졌다.

"그럼 저 많은 여자들이 오늘 대회 때문에 모인 거란 말이야?"

파마는 자랑스러운 표정으로 고개를 끄덕였다.

"네가 어느 거들먹대는 이집트 여신이랑 사랑의 여신 자리를 두고 경쟁한다는 말을 들더니 사람들이······."

깜짝 놀란 아프로디테는 냅다 파마의 팔을 붙잡았다.

"난 너한테 그 말 한 적 없어! 이시스에 대해선 어떻게 알아낸 거야?"

"어, 네가 말 안 했어?"

파마는 혼란스러워했다.

"안 했어."

"글쎄, 그럼, 아마 어디 딴 데서 들었나 봐."

파마는 어깨를 으쓱하다 갑자기 탄성을 터뜨렸다.

"아! 이제 생각났다. 내 친구의 친구가 아는 친구의 남동생의 여자 친구가 이집트에 사는데, 그 사람이 또……."

"됐어."

아프로디테는 창피해서 어쩔 줄 몰랐다.

'사랑의 여신 자리를 두고 경쟁한다는 걸 온 세상이 알게 되다니! 도대체 파마는 왜 저렇게 말이 헤픈 거야?'

그래도 아프로디테는 파마와 함께 광장으로 걸어가는 동안 고개를 빳빳이 쳐들고 있었다. 이젠 사람들이 자신을 어떻게 여길지 걱정할 수도 없었다. 피그말리온의 짝을 찾기 위해서 후보자를 만나 보는 데 집중해야만 했다.

광장 한쪽 화강암 받침대에는 섬세하게 세공된 황금 의자에 분홍색 벨벳 방석이 깔려 있었다. 아프로디테를 위해 마련된 자리였다. 의자 옆에는 기다란 크리스털 화병에 빨간 장미가 꽂혀 있고, 멋진 글씨로 다음과 같이 쓰인 간판이 놓여 있었다.

기회는 오늘 단 하루!

유일하고도 진정한 사랑의 여신
아프로디테 님을 만나 보세요.
여신님이 주최하는
이상형 찾기 대회에
참가하면 된답니다!

"어머나, 정말 멋지다!"
 아프로디테는 사람들의 준비에 감탄을 터뜨렸다. 아프로디테가 자리에 앉자 한 소녀가 보석 박힌 컵에 얼음을 띄운 넥타르를 담아서 가져왔다. 이어서 두 소녀가 아프로디테의 의자 양쪽에 와서 서더니 거대한 야자수 잎으로 살랑살랑 부채질을 해 주었다.
 '이야! 이런 융숭한 대접을 받다니. 무슨 일이지? 사람들이 나한테 화가 난 거 아니었어?'
 참가자 줄은 길고도 긴데, 아프로디테는 어떻게든 오늘 중으로 모든 참가자를 만나 보고 싶었다. 그래서 곧바로 맨 앞에 서 있는 두 여자에게 다가오라고 손짓을 했다. 아프로디테는 두루

마리 공책과 질문지 복사본 한 부, 메모를 할 빈 종이를 무릎에 올려놓았다.

아프로디테의 부름에 두 여자는 살짝 무릎을 굽혀 예를 표한 후 아프로디테에게 가까이 다가갔다. 두 여자 중 한 사람이 놀란 듯한 목소리로 말했다.

"머리카락이 정말 아름다우세요."

옆에 서 있던 친구도 맞장구를 쳤다.

"그러게요. 게다가 놀랄 만치 빨리 자라고요!"

"무슨 소리예요?"

아프로디테는 무의식적으로 손을 들어 탐스러운 머릿결을 쓰다듬었다.

첫 번째 여자가 설명했다.

"어, 그러니까 제가 듣기로는 아프로디테 님과 이시스 여신이 싸움을 했는데 이시스 여신이 아프로디테 님의 머리칼을 반이나 뭉텅 뽑아 버렸다고 하던데요."

두 번째 여자도 말했다.

"저도 그렇게 들었어요. 그런데 제가 들은 얘기로는 머리카락을 홀라당 다 뽑혀서 대머리가 됐다는 거였어요. 지금 가발 쓰신 건가요?"

"아녜요! 이건 진짜 내 머리칼이에요."

아프로디테가 씩씩대며 대답했다.

'아, 시작부터 왜 이래!'

"시간 내줘서 고마워요."

아프로디테가 다시 줄을 내려다보았다.

"다음!"

두 여인이 앞으로 걸어 나왔다. 그러더니 아프로디테가 뭐라고 말을 꺼내기도 전에 먼저 한 사람이 불쑥 물었다.

"긁힌 상처는 어디에 있나요? 제가 듣기로는 이시스 여신은 손톱이 8센티미터나 돼서 여신님 팔에 줄무늬를 냈다던데요?"

그러자 다른 여자가 말했다.

"아냐, 얼굴을 할퀴었대."

아프로디테가 하는 수 없이 대답했다.

"보다시피 둘 다 사실이 아니에요."

"그래도 이시스 여신이 아프로디테 님을 '멍청이'라고 불렀다는 건 사실이죠?"

두 번째 여자가 또 끼어들었다.

"아냐, '두 얼굴의 멍청이'라고 했대."

"마지막으로 한 번만 더 말하는데 난 이시스 여신과 싸운 적 없어요!"

아프로디테가 의도한 것보다 언성이 더 높게 나왔다. 순간 두 여자가 소스라치더니 고개를 끄덕였다. 그렇다 하더라도 아프로디테는 여자들이 자기 말을 믿는지 확신이 서지 않았다.

'어휴, 난 지금 여기에 사람들을 달래러 온 거지, 입씨름을 하러 온 게 아니잖아.'

아프로디테는 다시 방긋 미소를 지었다.

"와 줘서 고마워요. 다음!"

두 여자가 뒤로 돌아섰다. 그런데 둘 중 하나가 아프로디테를 다시 쳐다보았다.

"아프로디테 님, 행운을 빌어 드릴게요. 아시는지 모르겠지만 오늘 여기 모인 사람들은 전부 아프로디테 님이 이기기를 바라는 마음으로 온 거예요. 어쨌거나 아프로디테 님은 우리 그리스의 신이잖아요! 우리는 아프로디테 님이, 그리고 아프로디테 님만이 진정한 사랑의 여신이라고 믿어요."

아프로디테는 떠나는 여자들의 모습을 가만히 바라보았다. 따뜻하고 행복한 느낌이 가슴에 가득 찼다. 아프로디테는 이시스가 사랑의 여신 자리를 두고 도전해 왔다는 사실을 세상에 알리고 싶지 않았다. 그러나 막상 일이 이렇게 되고 보니 솔직히 잘된 일이었다. 그 소식을 듣고 사람들이 아프로디테에 대한 마음을 바꾸었기 때문이었다.

'정말 놀라운 일이야! 하루도 걸리지 않아서 사람들이 모두 내 편이 되었잖아!'

7 꿍꿍이

　줄이 서서히 줄어드는 동안 아프로디테는 수백 명의 여자들을 만났다. 대부분은 똑똑한 머리, 좋은 성격, 재능, 아름다움 등 모든 것을 다 갖추고 있었다. 그러나 아프로디테는 피그말리온의 짝이 될 만한 여자를 그 자리에서 바로 뽑지 않고 게시판 쪽으로 가라고 지시했다. 그곳에는 파마가 아프로디테의 질문지를 들고 서 있었다. 아프로디테는 여자들에게 질문지에 답을 쓰고 올림포스 학교로 보내면 진정한 사랑을 찾아서 연락하겠다고 말했다.

　오후가 되자 올림포스 학교의 소년 신 몇이 대회장에 모습을 드러냈다. 아폴론, 디오니소스, 아레스, 에로스, 포세이돈이 대회 소식을 듣고 재미 삼아 끼어 보려고 들른 것이었다. 아프로디테는 남학생들의 방문이 달갑지 않았다. 대회에 참가하려고 온 여자들의 주의가 흐트러졌기 때문이었다. 다섯 신은 근처 들판에서 서성대며 시끌벅적하게 부산을 떨고, 신으로서의 능력을 뽐냈다. 소년 신들은 꼭 그런 식으로 여자의 관심을 끌려고 했다.

　아폴론과 에로스는 활쏘기 연습을 하며 매번 과녁 한가운데를 맞추어 여자들에게 깊은 인상을 남기려 했고, 아레스와 포세이돈은 레슬링을 하며 울퉁불퉁한 근육을 자랑했다. 한편 디오니소스는 눈가리개를 하고서 돌아다니며 '우연히' 여자들과 부딪히려 했다. 디오니소스의 눈가리개에는 '사랑을 하면 눈이 멀어요.'라는 문구까지 쓰여 있었다. 그걸 보고 아프로디테는 이렇게 생각했다.

　'그럴 때도 있고 아닐 때도 있지.'

　어쨌거나 다섯 신 모두 하나같이 호감 가는 미남이다 보니 대회에 모인 여자들이 아프로디테의 말은 듣지 않고 소년 신들만 쳐다봤다. 결국 아프로디테는 넌더리가 나서 줄을 선 사람들에게 잠시 쉬자고 말했다. 그러

고는 남학생들 쪽으로 씩씩대며 걸어가서 딱 마주하고 섰다.

"나 지금 일하고 있는 거 안 보이니?"

그러자 아레스가 싱글벙글 웃으며 대꾸했다.

"우린 네 일을 방해하려는 게 아니야!"

아레스가 올림포스 학교에서 가져온 빛나는 마법 공을 집으려고 허리를 숙이자 금발이 햇살을 받아 눈부시게 빛났다. 곧이어 아레스가 공을 던지려 자세를 잡자 나머지 네 소년 신이 들판을 달려가서 공 받을 준비를 했다.

"네가 새로 전쟁 일으킬 계획을 세웠다는 소식이 들리기에 와서 구경하기로 마음먹었지."

아레스의 두 눈동자가 웃음기로 반짝이고 있었다.

"그게 무슨 소리야?"

아프로디테가 따져 묻는 순간 아레스가 공을 날렸다. 공은 갈지자로 움직이다가 8자 모양을 그리더니 다시 옆으로 날아갔다. 나머지 네 남학생도 공을 쫓아 달리기 시작했다. 아레스는 아프로디테를 가만히 바라보며 표정을 읽으려 했다.

"너랑 네 친구 이시스는 이 대회로 말썽을 일으켰어. 전 세계 인간이 자기가 좋아하는 여신 편을 응원하기 시작했잖아. 네

편을 드는 사람도 있고, 이시스 편을 드는 사람도 있지."

"그래, 모든 사람이 열광하고 있어. 그게 무슨 문제라는 거니?"

"머지않아 반드시 다툼이 시작될 거야."

아레스는 손을 들어 약간 떨어진 곳에서 옥신각신하고 있는 사람들을 가리켜 보였다. 아레스의 말이 옳았다. 벌써부터 사람들은 아프로디테와 이시스 중 누가 이길지를 두고 싸우고 있었다.

"네가 이기면 이집트 사람들이 펄펄 뛸 거야. 마찬가지로 이시스가 이기면 그리스 사람들이 날뛰겠지."

아프로디테는 네메시스 선생님의 복수학 시간에 배웠던 사실이 떠올랐다.

'여신을 모욕하면 그 여신을 숭배하는 사람들을 모욕하는 것이나 다름없다.'

그리스 사람들은 그 점을 아주 진지하게 받아들였고, 따라서 아프로디테로서는 어느 쪽으로도 이길 가능성이 없는 상황에 빠져 버린 셈이었다.

아프로디테는 아레스가 곁에 서 있다는 사실도 잊고 혼자 중얼거렸다.

"아, 결국 원점으로 돌아와 버렸어."

"뭐?"

아레스가 물었다. 마침 아폴론과 다른 소년 신이 공을 잡고 돌아와 다시 게임을 시작하려 했다. 아레스는 손짓으로 친구들을 물리치고서 아프로디테의 팔을 부드럽게 잡았다.

"무슨 문제야? 혹시 이 인간들이 뭐라고 불쾌한 소리라도 한 거야?"

아레스는 인상을 팍 쓰면서 주먹을 불끈 쥐더니 주위를 휘휘 둘러보았다. 아프로디테가 이름만 대면 누구라도 한 대 칠 기세였다.

"아냐, 그런 거 아냐."

아프로디테는 얼른 고개를 설레설레 흔들었다.

"그럼 무슨 일인데 그래?"

아프로디테는 아레스를 쳐다보았다. 아레스의 푸른 눈동자에는 염려가 가득했다. 아프로디테와 아레스의 사이는 계속 오르락내리락을 반복했고, 때때로 아레스는 아프로디테에게 상처 주는 말을 내뱉기도 했다.

'그러나 지금 이 순간 아레스는 아주 상냥하고 강인하고⋯⋯ 무엇보다 믿음직스럽게 느껴지는걸. 어떤 말을 해도 될 것처럼

말이야.'

아프로디테는 저도 모르게 영웅학 성적, 피그말리온 등 모든 문제를 털어놓았다.

"아레스 네가 싸움을 즐기는 건 알지만, 난 트로이 사고를 일으킨 데 대해 마음이 좋지 않아. 내 행동 때문에 사람들이 온갖 어려움을 겪었는걸."

그러자 아레스는 씩 웃으면서 대꾸했다.

"트로이 '사고'라고?"

아프로디테는 슬쩍 웃으며 팔꿈치로 아레스를 쿡 찔렀다. 아레스는 대번에 "악!" 하면서 다친 척을 하더니 싱글싱글 웃으며 아프로디테의 손을 잡았다.

"나한테 네 문제를 털어놔 줘서 고마워. 난 늘 널 마음에 두고 있어, 알지?"

"우우!"

에로스가 둘이 손을 잡은 걸 보고서 소리쳤다. 그러자 그때까지 공놀이를 하고 있던 소년 신들의 관심이 한데 모였다. 디오니소스는 입술 사이에 새끼손가락을 물고 삐익 삑 휘파람을 불어 댔고, 아폴론과 포세이돈은 '쪽쪽' 하며 뽀뽀하는 소리를 냈다.

아프로디테는 소년 신들을 쏘아보며 뒤로 한 걸음 물러났다. 그 바람에 아레스는 아프로디테의 손을 놓아야 했다.

"오, 신이시여! 너무 유치하지 않아? 부디 쟤네 좀 데리고 가 줄래? 자꾸 여자들의 정신이 대회가 아니라 쟤들한테 쏠리잖아."

"알았어. 널 위해서라면 뭐든지 해야지."

아레스는 반짝반짝 빛나는 눈웃음을 치더니 서둘러 친구들에게 다가갔다.

아프로디테는 광장으로 걸어가다가 운동장 쪽을 슬쩍 쳐다보았다. 때마침 아레스도 아프로디테를 바라보며 친구들에게 뭐라고 말하고 있었다. 아레스의 말에 소년 신들은 "푸하하!" 하고 웃음을 터뜨렸다. 아프로디테는 얼른 고개를 휙 돌렸다. 갑자기 창피하고 어쩐지 화가 났다.

'혹시 내가 떠나 달라고 부탁한 걸 가지고 농담이라도 한 걸까? 아레스를 믿다니 내가 잘못한 걸까? 설마 내가 털어놓았던 이야기를 애들한테 한 거 아냐? 그러지 말라고 못 박아 말하지는 않았지만, 그 정도는 말하지 않아도 알아야지!'

잠시 후 소년 신들은 샌들의 날개를 자유롭게 풀고 올림포스 학교를 향해 움직이기 시작했다. 아레스가 친구들에게 떠나

자고 설득하는 데 드디어 성공한 모양이었다. 아프로디테는 휴 하고 한숨을 쉬었다.

'남자란 참 알다가도 모르겠다니까.'

아프로디테는 딱 하루 떨어져 있었는데도 벌써 친구들이 그리웠다. 친구들이 즐거운 시간을 보내고 있기를 바라면서도 이곳에 같이 있었더라면 하는 마음이 드는 건 어쩔 수 없었다. 함께 이야기 나누면 크게 도움을 받을 수 있을 것 같았다. 그러나 친구들의 방학을 방해할 수는 없었다. 성적부터 무사히 올리고 나서 나중에 모든 일을 말해도 늦지 않았다. 아프로디테는 그때 다 함께 얼마나 신 나게 웃게 될지 상상해 보았다. 하지만 지금은 성공이 보장되지 않은 만큼 웃을 여유가 없었다.

'아직은 멀었어. 이기든 지든 이건 내가 해야 할 경쟁이야.'

아프로디테는 다시 황금 의자에 자리를 잡고 앉아 맨 앞에 선 여자를 향해 방긋 웃었다.

"시작할까요?"

한편 이집트에 있는 나머지 여신들은 카이로를 떠나 기자의 피라미드를 향해 이동하고 있었다. 아테나가 하토르와 함께 버터 빛깔 털을 가진 낙타를 타고서 무리를 이끌고, 페르세포네는 마트와 함께 진갈색 낙타를, 아르테미스는 바스테트와 함께 흰 낙타를 타고 뒤를 따랐다. 각 쌍은 낙타 등의 높다란 혹을 보호하기 위해 고안된 알록달록한 안장에 앉아 있었다.

시장을 지나가다가 아테나는 커다란 천막에서부터 기다란 줄을 이루고 선 여자들을 보았다.

"저기 저 사람들 뭐 하는 거니?"

"아, 별일 아니야."

하토르는 대답을 얼버무렸다.

"아테나, 너 지도 가지고 왔니?"

"응."

아테나는 가장 좋은 경로를 따져 보다가 줄 선 여자들에 대해 깡그리 잊어버리고 말았다. 낙타 등에서 쿵덕거리며 지도를 본다는 게 쉬운 일이 아니었다!

아테나가 마침내 입을 열었다.

"기자는 카이로 서쪽 사하라 사막에 있어. 우리가 제대로 가고 있는 것 같아."

"걱정 마."

하토르는 낙타가 걸음을 뗄 때마다 흔들림에 맞춰 유연하게 몸을 움직였다.

"난 지금껏 미라가 가루로 변할 만큼 오랫동안 피라미드를 수없이 다녀왔어. 길 잃을 일 없으니 걱정 마."

아테나는 미라가 가루가 되려면 시간이 얼마나 걸리는지, 그게 실제로 가능한 일이기는 한지 궁금했다.

'게다가 그렇게 길을 잘 알면서 나더러 지도는 왜 확인하라고 한 거야?'

아테나가 의문을 품은 순간 페르세포네가 불쑥 물었다.

"아직 멀었어?"

페르세포네는 손으로 부채질을 하며 덧붙였다.

"꼭 시들시들한 팬지가 된 느낌이야."

페르세포네와 함께 낙타를 탄 마트가 대답했다.

"조금 있으면 열기에 익숙해질 거야. 이집트와 아프리카 북쪽 지역은 대부분 사막으로 이루어져 있어. 그래서 우리가 아침 일찍 길을 나선 거야. 그래도 걱정할 필요는 없어. 일단 피라미드에 도착하면 내내 건물 안에 머물 거니까."

둘의 대화를 듣던 아테나가 물었다.

"피라미드 안에 들어갈 수 있어?"

대번에 하토르가 우쭐대는 목소리로 대꾸했다.

"당연하지. 우린 여신이니까. 그리고 너희를 위해 오늘 인간들은 피라미드에 입장하지 못하게 했어. 우리끼리 실컷 돌아볼 수 있을 거야."

한편 무리 뒤쪽에 있던 아르테미스와 바스테트는 좋아하는 동물 이야기를 하느라 바빴다.

"낙타가 혹에 물을 저장한다는 거 정말이니?"

아르테미스의 물음에 바스테트가 "푸핫!" 하고 웃음을 터뜨렸다.

"아냐!"

"그럼 어떻게 물을 마시지 않고도 그렇게 오랫동안 버틸 수 있는 거야?"

"사막에서 생존하기 위해서 몸이 환경에 맞게 바뀐 거야. 낙타는 말만큼 땀을 많이 흘리지 않거든. 그리고 낙타의 털은 햇빛을 반사해."

오늘 바스테트는 목에 고양이를 두르지 않았다. 고양이가 낙타 타는 걸 싫어하기 때문에 기숙사에 두고 왔다고 설명했다.

한 시간 뒤 모래 언덕 하나를 넘어가자 갑자기 앞에 기자의 피라미드가 웅장한 모습을 드러냈다. 아테나의 낙타는 도착을 알리기라도 하듯이 콧방귀 같기도 하고 꽥꽥거리는 것 같기도 한 시끄러운 소리를 길게 냈다.

"우아, 쿠푸 왕의 피라미드다!"
아테나가 탄성을 터뜨리며 말했다.
"여행 안내 책자에서 본 적이 있어."
그러자 하토르가 덧붙였다.
"맞아. 저 세 개의 피라미드 중 가장 크고 오래된 거야."
바스테트가 안장에서 휙 몸을 날려 땅에 내려서자, 아르테미스도 뒤를 이었다. 그러자 나머지도 둘의 행동을 따라 하며 낙타에서 내려 다 함께 피라미드로 걸어갔다. 입구에 도착할 때쯤 되자 마트가 쓰고 있던 밀랍 옥수수 모자가 녹아내리면서 싱그러운 향기를 뿜어냈다. 페르세포네가 신기한 듯이 쳐다보자 마트는 이집트 사람들이 몸에 향기를 더하는 방법이라고 설명해 주었다.

쿠푸 왕의 피라미드 안으로 들어서자 하토르가 거창한 태도로 알렸다.

"이제 너희 눈앞에 대전시

실이 펼쳐질 거야."

하토르는 경사로를 올라가며 설명을 덧붙였다.

"이번 달에는 상형 문자 특별전이 열리고 있어."

잠시 후 일행은 어둠에 눈이 익숙해졌다. 페르세포네는 전시실 벽의 상형 문자를 자세히 들여다보다가 뾰족한 꽃잎을 가진 푸른 꽃을 발견하고 빙그레 웃었다.

"푸른 수련인가 봐!"

마트가 고개를 끄덕이며 페르세포네 곁으로 다가와 섰다.

"부활의 상징이지. 연꽃은 밤에 오므라들었다가 낮에 다시 고개를 들고 꽃을 활짝 피우거든."

페르세포네는 생각에 잠겨 중얼거렸다.

"지하 세계의 스틱스 강에서도 수련이 자랄까? 수련은 정말로 아름다운 꽃이니 지하 세계도 덜 음울해 보일 거야."

마트는 뭔가 묻고 싶은 표정이었다. 그러나 마트가 말을 꺼내려는 찰나 하토르가 일행을 손짓해서 불렀다.

"이쪽으로 가면 왕비의 방이 나와."

그러자 아르테미스가 물었다.

"우리가 불쑥 들어가면 왕비가 언짢아하지 않을까?"

바스테트가 까르르 웃음을 터뜨리며 대꾸했다.

"아마 아닐 거야. 죽어서 미라가 된 지 오래인걸. 이곳 피라미드는 이미 오래전에 도굴꾼에게 약탈당했어. 귀금속과 공예품도 사라진 지 오래야. 그렇지만 피라미드는 아직도 거대한 기념물로 남아 있지."

왕비의 방에 들어서자 마트는 벽에 새겨진 상형 문자 중에서 깃털 같은 상징을 가리켰다.

"저건 날 상징해."

"너만을 상징하는 상형 문자가 있어?"

아테나가 감탄을 터뜨리며 되묻자 하토르가 대답했다.

"우리를 상징하는 글자가 하나씩 다 있어."

하토르는 네모 안에 새 한 마리가 앉아 있는 걸 가리켰다.

"이게 날 가리키는 글자야."

그러자 마트가 자랑스럽게 한마디 덧붙였다.

"난 죽은 사람을 돕기 위해 무덤에 함께 묻어 주는 '사자의 서'에도 나와 있어."

마트는 책이 놓여 있는 받침대 앞으로 일행을 인도했다.

"페르세포네, 이 책에는 네가 말한 지하 세계에 대한 건 없어. 그러니 그런 곳은 없는 거야."

그 말에 페르세포네가 발끈했다.

"지하 세계는 있어. 내가 직접 가 봤는걸! 거긴 내 남자 친구가 사는 곳이기도 하고, 죽은 사람들이 사는 곳이야."

세 이집트 여신은 헉하고 숨을 몰아쉬었다. 하토르가 팔짱을 턱 끼며 나섰다.

"페르세포네, 네가 틀렸어. 사람이 죽으면 내세로 가는 여행이 시작돼. 그건 누구나 아는 사실이야."

마트가 고개를 끄덕이며 덧붙였다.

"그 여행이 시작될 때, 내 깃털로 죽은 자가 착한 사람이었는지 아닌지 무게를 달아 본단 말이야. 저길 봐."

마트가 벽화를 가리켰다. 거기에는 저울 한쪽에 깃털을 올려놓고 무게를 다는 장면이 그려져 있었다.

"착한 사람한테는 '사자의 서'가 내세로 들어갈 때 필요한 마법의 주문을 걸어 주지."

"하지만……."

페르세포네가 싸울 기세로 말을 꺼내자 아테나가 페르세포네의 팔을 쓱 잡아당겼다.

"다음 방으로 가 보는 게 좋겠어."

"흠, 좋아."

페르세포네는 마트에게 애써 예의바른 미소를 지어 보였다.

"지하 세계 문제에서는 서로 의견에 차이가 있는 것 같아. 그래도 그냥 넘어가자."

마트도 잠깐 망설이더니 고개를 살짝 끄덕였다.

"서로 생각이 다르더라도 너랑 친구로 지내고 싶어. 넌 어때?"

페르세포네는 이번엔 진심으로 환하게 웃으며 답했다.

"나도 좋아."

친구라고 해서 모든 것에 대한 의견이 다 똑같을 필요는 없는 법이었다.

하토르가 통로 쪽으로 들어서면서 말했다.

"날 따라와. 이제 왕의 방으로 가 보자."

다음 방에 들어서는 순간 아르테미스는 어떤 것이 다리를 스윽 스치고 지나가는 걸 느꼈다. 아르테미스는 꽥 소리를 내며 바스테트에게 매달렸다.

"뭐야? 방금 뭐였어?"

용감무쌍한 아르테미스였지만 그 방은 그야말로 무시무시한 면이 있었다! 그제야 아르테미스는 방 안에 고양이 몇 마리가 소리 없이 돌아다니고 있음을 깨달았다.

'뭐야, 녀석들이 이 방 주인이라도 되는 듯한 태도잖아!'

바스테트는 피라미드 안에서 고양이를 보는 게 별일 아니라는 듯이 대꾸했다.

"걱정 마. 해치지 않을 테니까."

하토르는 능글맞게 웃더니 일행에게 방을 안내했다.

"여긴 왜 이렇게 고양이가 득실거리는 거야?"

아르테미스는 창피함을 가리려고 괜히 툴툴거렸다.

"시장에서 들른 가게 선반에도 고양이 조각상, 고양이 모양 그릇, 고양이 귀고리 등 온통 고양이 모양 물건투성이……."

"넌 고양이 싫어하니?"

바스테트가 아르테미스의 말을 끊고 물었다. 곁을 지나던 회색 고양이가 걸음을 멈추더니 자기도 대답을 들겠다는 양 아르테미스를 빤히 쳐다보았다.

아르테미스는 어깨를 으쓱했다.

"그런 건 아냐. 고양이랑 별로 어울려 본 적이 없어서 그래. 난 개를 키우거든."

회색 고양이가 바닥으로 앞다리를 쫙 펼치더니 발톱을 쓱 드러냈다. 아르테미스가 회색 고양이를 경계의 눈초리로 바라보자 바스테트가 아르테미스를 다독였다.

"쓰다듬어 줘도 돼. 여행 안내원들이 먹을 것을 줘서 사람에게 길들여져 있거든. 겁낼 것 없어."

"겁 안 나!"

아르테미스는 자신의 용기를 증명해 보이려는 듯 무릎을 꿇고 앉아서 명령을 내렸다.

"고양이야, 이리 온."

그러나 고양이는 아르테미스의

말을 싹 무시하고 분홍빛 혀로 앞 발바닥을 핥기 시작했다.

아르테미스는 바스테트를 올려다보며 물었다.

"왜 오지 않는 거지? 사냥개들은 내가 부르면 언제든지 달려오는데. 음, 정확히 하자면 거의 대부분의 경우 달려온다고 해야 하나?"

바스테트는 어깨를 으쓱하며 대답했다.

"그야 고양이가 개보다 똑똑해서겠지."

아르테미스가 벌떡 일어서며 쏘아붙였다.

"아니거든."

그러나 바스테트는 자기 생각을 고집했다.

"사실이잖아! 고양이는 자기 기분 내킬 때만 오는데, 개는 멍청하게 시키는 대로 고분고분하게 굴잖아."

"개는 멍청하지 않아!"

아르테미스의 볼이 분노로 벌겋게 달아오르기 시작했다. 아테나와 페르세포네는 얼른 아르테미스 뒤로 다가가 부드럽게 팔짱을 꼈다.

먼저 페르세포네가 말했다.

"바스테트가 진심으로 그렇게 여기는 건 아닐 거야. 그렇지, 바스테트?"

바스테트는 얼굴이 뻣뻣하게 굳어 있었다.

"솔직히 난 개랑 가까이 있어 본 적이 없어. 모욕하려는 뜻은 아니었어. 페르세포네와 마트가 뜻이 달라도 친구로 지내기로 한 것처럼 우리도 그렇게 하면 어떨까?"

아르테미스의 얼굴에 서서히 웃음꽃이 피었다.

"좋아. 언제 올림포스 학교로 와서 내 사냥개들을 만나 봐."

바스테트도 생글생글 웃으며 대답했다.

"그것도 좋겠네."

피라미드 안의 모든 통로를 누비고, 모든 전시를 꼼꼼히 살펴보고 나자 하토르가 모두에게 알렸다.

"피라미드 구경은 이쯤에서 마치기로 하자. 이제 카이로로 돌아갈까?"

여섯 명의 여신은 왔던 길을 되돌아서 피라미드 밖으로 빠져나가 낙타에 올라타 길을 떠났다. 카이로에 도착했을 때 일행은 시장을 다시 지나게 되었다. 커다란 천막으로부터 뻗어 나온 줄이 오전보다 줄어 있었다. 그래서 일행은 천막 입구에 세워진 광고판을 볼 수 있었다.

모든 이집트 여인들이여!

**이시스 여신님께서
이상형 찾기 대회에서
아프로디테를
이길 수 있도록 도우세요!**

"저기서 무슨 일이 벌어지고 있는 거야?"
아테나가 물었다.
"이시스가 아프로디테와 벌이고 있는 대회를 위해서 여자들과 면담을 하는 중이야."
하토르는 아무렇지도 않은 듯 말을 이었다.
"그럼 이만 우리 셋은 실례할게. 이시스를 도와주기로 약속했거든."
그 순간 마트와 바스테트가 묘한 눈길을 교환했다. 표정을 보니 그 둘은 하토르를 그다지 믿지 않았고, 뭔가 꿍꿍이가 있다고 생각하는 것 같았다.
페르세포네가 대뜸 물었다.
"이시스가 여기 있다면, 아프로디테는 어디에 있는 거지?"

아테나가 추측을 내어놓았다.

"그리스로 돌아간 게 틀림없어. 아마 이시스와 똑같은 일을 하고 있을 거야. 피그말리온이 좋아할 만한 여자를 찾기 위해서 면담을 하고 있겠지. 그런데 왜 우리한테 알리지 않았을까?"

그러자 하토르가 생글생글 웃으며 말했다.

"아테나, 사람들 말대로 넌 정말 머리가 좋구나. 말이 나왔으니 말인데, 하마터면 잊을 뻔했네."

하토르는 호주머니에서 편지 한 장을 꺼냈다.

"이시스가 너희한테 전해 주라고 부탁했는데. 너희의 사랑하는 친구 아프로디테한테서 온 거야."

아테나는 하토르를 이글거리는 눈으로 쏘아보며 편지를 받아 들었다.

"내 친구 이름은 아프로디테야."

아테나, 페르세포네, 아르테미스는 얼른 편지를 펼쳐 읽어 보았다.

"저 셋이 이시스를 돕는다면……."

페르세포네는 세 이집트 여신을 곁눈질하며 속삭였다.

"우리도 아프로디테를 도와야 해."

아르테미스가 맞장단을 쳤다.

"당연하지. 얼른 짐 찾으러 가자."

세 그리스 여신이 당장 떠나려 하자 바스테트가 말했다.

"어머나, 미안해서 어쩌지? 교통수단은 라의 태양배 뿐인데, 오늘 아침에 이미 하늘을 가로지르는 여행을 떠났어. 내일 새벽까지는 돌아오지 않을 거야."

아테나는 뭔가를 깨달은 듯 헉하고 숨을 몰아쉬었다.

"넌 아프로디테의 편지를 잊어버린 게 아니야! 일부러 주지 않은 거지!"

아테나는 화가 나서 따지고 들었다.

"너는 우리가 태양신의 배를 타지 못하길 바랐던 거야!"

그 말에 바스테트는 정말 놀란 표정으로 고개를 세차게 가로저었다. 그러나 하토르는 어깨를 으쓱할 뿐이었다.

"경쟁을 할 때는 수단과 방법을 가

리지 않는 법이야. 그럼 이만 실례할게. 우리는 이시스가 이길 수 있도록 도와야만 하거든. 애들아, 가자."

바스테트와 마트는 양심의 가책을 느끼는지 우물쭈물했다.

"부디 하토르를 용서해 줘. 하토르는 가끔씩 저렇게 떳떳하지 못한 방법을 쓸 때가 있어."

마트가 쭈뼛쭈뼛 말을 꺼내자 바스테트도 머뭇머뭇 한마디를 했다.

"그래도 하토르는 우리 친구야. 하토르는 이시스가 잘되기를 바랐던 거고."

그러더니 둘은 고개를 까딱여 작별 인사를 하고 천막 쪽으로 떠났다.

바스테트와 마트의 모습이 사라지자 아테나가 분통을 터뜨리며 말했다.

"아우, 저 하토르라는 애 때문에 너무 화가 나."

"나도 그래."

페르세포네도 분통을 터뜨리더니 다시 덧붙였다.

"그런데 다른 애들은 하토르의 꿍꿍이를 몰랐던 것 같아."

아르테미스가 속마음을 털어놓았다.

"그리스에서 아프로디테 혼자 이 모든 일을 감당하고 있다고 생각하니 마음이 불편해. 부디 아프로디테가 자길 내팽개쳐 둔 채 우리끼리 놀러 다니고 있다고 여기지 않았으면 좋겠어."

그러자 아테나가 중얼거리듯 말했다.

"난 아프로디테가 우리한테 뭔가 숨기고 있다는 느낌이 들어. 이 사건에는 우리가 알고 있는 이상의 뭔가가 있는 것 같아."

페르세포네도 고개를 주억거리며 덧붙였다.

"다시 만났을 때 아프로디테가 우리한테 사연을 털어놔 주면 좋겠어."

8 피그말리온의 선택

한편 그리스 아테네에서는 아프로디테가 광장 계단에 서서 피그말리온을 위해 뽑은 그리스 여자 셋의 이름을 발표하려 하고 있었다. 그 별스럽고도 건방진 남자가 기쁘게 맞이할 만한 후보를 찾는 건 여간 힘든 일이 아니었다. 피그말리온이 아프로디테의 질문지에 답을 하지 않아서 사실상 그가 어떤 사람인지 아는 바가 거의 없기 때문이었다. 그래도 아프로디테는 자신이 뽑은 세 후보가 충분한 가능성을 가지고 있음을 믿어 의심치 않았다.

아프로디테가 선 대리석 계단 아래에는 수많은 여자가 모여 있었다. 대회 참가자도 몇몇 있었지만, 대부분은 아프로디테와 대회에서 뽑힌 세 후보를 응원하기 위해 모인 사람들이었다. 물론 단순히 아프로디테를 보기 위해 온 사람도 많았다. 어쨌거나 여신이 인간 세상을 방문하는 게 흔한 일은 아니니까!

아프로디테는 멀리서도 들릴 만큼 또록또록한 목소리로 말했다.

"오늘 이상형 찾기 대회에 참가한 여러분께 고마움을 전합니다."

아프로디테가 가장 즐기는 것 중 하나가 많은 청중이 자신의 말에 귀를 기울이는 순간인 만큼 오늘 아프로디테는 사람들에게 깜짝 쇼를 보여 줄 작정이었다.

"선택 과정이 정말 쉽지 않았어요."

아프로디테는 계속해서 말을 이었다.

"그렇지만 최종적으로 딱 세 후보를 고를 수 있었답니다. 제가 이름을 부르지 않는다고 해서 여러분이 꼭 맞는 짝을 만나지 못한다는 건 아니에요. 어쩌면 여러분의 천생연분이 아주 가까운 곳에 있을 수도 있으니까요."

계단 한쪽에 리본으로 묶은 질문지가 가득 담긴 바구니가 주르륵 놓여 있고 그 곁에 파마가 서 있었다.

아프로디테는 파마 쪽을 손으로 가리키며 말을 이었다.

"자신에게 가장 잘 어울리는 짝을 찾기 위해 내 도움이 필요하다면, 꼭 이 질문지에 답을 작성해서 제출하도록 하세요."

아프로디테의 말이 떨어지자마자 모여 있던 여자들이 웅성대더니 대회에 참가하지 않았던 사람들이 파마 곁으로 가서 질문지를 작성하기 시작했다.

"남자가 작성해도 되나요?"

어느 남자가 외쳐 물었다.

"물론이죠."

아프로디테가 목청 높여 대답하자, 질문을 던진 남자와 그의 친구들이 우르르 파마 쪽으로 몰려가서 질문지를 집어 들었다.

사실 아프로디테와 파마가 전날 마련해 간 질문지는 모두 동이 나는 바람에 오늘 분량을 마련하기 위해 필경사(글씨 쓰는 일을 직업으로 하는 사람. - 옮긴이)가 밤새 일해야 했다. 그리고 지금까지 제출된 질문지 분량을 볼 때 사람들은 자기 짝을 찾는 데 아프로디테의 도움을 꽤나 적극적으로 받고 싶어 하는 것 같았다. 그러니 당연히 아프로디테를 향한 그리스 사람들의 마음도 상당히 누그러졌다.

'키클롭스 선생님이 이 소식을 들으면 분명히 내 성적을 올려 주실 거야. 만약 피그말리온을 두고 벌이는 경쟁에서 이긴다면

더할 나위 없이 좋겠지. 어쩌면 제우스 교장 선생님도 언짢은 기분을 푸실지 몰라.'

아프로디테는 자기 자신이 뿌듯하게 여겨졌다. 그러고 보면 메두사의 생각 중에서 옳은 것도 하나 있었다. 정말로 아프로디테는 어떤 일이든 늘 긍정적으로 보는 걸 좋아했다!

아프로디테는 사람들의 응원을 받자 다시 전쟁이 일어날 수도 있다는 아레스의 걱정이 쓸데없게 여겨졌다.

'설마 어떤 남자 하나가 짝으로 이집트 여자를 골랐는지 아님 그리스 여자를 골랐는지를 두고 전쟁을 벌이기야 하겠어? 인간들이 그렇게 어리석지는 않을 거야!'

아프로디테는 다시 목청을 높여 말했다.

"자, 이제 내가 이름을 부르면 세 후보자는 앞으로 나오기 바랍니다."

아프로디테는 오늘 자기 모습이 여신이라도 눈이 부실 정도라는 걸 알고 있었다. 금발 머리에선 윤기가 좌르르 흐르고, 보석은 반짝반짝 빛을 발하며, 새하얀 키톤은 최신 유행 스타일이었다. 아프로디테는 긴장 효과를 더하기 위해서 잠시 기다렸다가 첫 번째 이름을 외쳤다.

"테사!"

이름이 불린 여자가 좋아서 "꺅!" 하고 비명을 터뜨렸다. 대번에 곁에 있던 친구와 가족이 "와!" 하고 함성을 질렀다. 아프로디테는 사람들이 잠잠해지기를 기다렸다가 다음 이름을 불렀다.

"클로이!"

다시 "꺅!" 하는 소리가 들리고 박수 소리가 더 크게 짝짝짝 울려 퍼졌다. 아프로디테는 일부러 시간을 끌면서 사람들이 마지막 이름을 숨죽인 채 긴장 속에 기다리도록 했다.

"마지막 후보자는 조이입니다!"

세 후보자는 부모님과 포옹을 하고 사람들 사이를 헤치고 나와 아프로디테에게 다가왔다. 아프로디테는 키프로스 섬의 여행을 허가한다는 증서를 흔들며 후보들을 맞았다. 그 광경을 지켜보던 사람들은 세 후보가 자신들의 영웅이라도 되는 듯이 크게 박수를 치고 "우와아아!" 하고 함성을 질러 댔다.

박수 소리가 가라앉자 아프로디테가 다시 말을 꺼냈다.

"자, 이제 우리는 키프로스 섬으로 떠나야 해요! 내가 마법 수레를 부를 수 있도록 여러분은 뒤로 물러나 주세요."

사람들이 뒤로 물러나서 자리를 터 주자 아프로디테는 날개 샌들의 힘으로 단상에서 스르륵 미끄러져 내려왔다. 그러고는 계단 끝에 이르자 마치 마법사가 모자에서 토끼를 꺼내는 듯이 과장된 손동작을 하며 가방에서 백조 수레를 꺼내어 땅에 내려놓았다.

아프로디테는 양팔을 쫙 펼치고 나서 우아하게 세 바퀴를 돌았다.

'사실 이런 동작은 필요 없지만 뭐, 재미있잖아. 게다가 인간들은 불멸의 존재가 뭔가 쇼를 펼치는 걸 좋아하니까!'

금발 머리와 반짝반짝 빛나는 흰색 키톤 자락이 쫙 펼쳐지며 빙글빙글 돌기 시작하자 아프로디테는 한껏 감정을 담은 목소리로 연극 대사를 읊듯이 주문을 외웠다.

섬세한 깃털, 뜨거운 심장
나의 아름다운 백조들아
날개를 펼쳐 날아올라라!

백조 수레가 점점 웅장해지자, 구경하던 사람들은 놀라서 헉 하고 숨을 들이쉬었다. 다음 날 아침이면 그리스 전역에서 이 이야기를 하고 있을 게 분명했다. 게다가 소문 퍼뜨리기 좋아하는 파마가 옆에서 두 눈 똑똑히 뜨고 보고 있지 않은가!

모든 준비를 마치자 아프로디테는 세 후보자와 함께 수레에 올라타고서 자신의 시중을 들던 두 사람에게 고개를 까딱였다. 그러자 두 사람은 장미 꽃잎이 가득 담긴 자루를 몇 개 가져와서 아프로디테에게 건네주었다. 수레가 땅에서 서서히 떠오를 때쯤에는 아테네 시민 전체가 아프로디테 일행을 배웅하러 나온 것 같았다. 아프로디테와 세 후보자는 사람들을 향해 장미 꽃잎을 뿌렸다. 이윽고 백조 수레가 푸르른 하늘로 휙 날아오르자 꽃잎은 좋은 향기를 풍기며 분홍색과 빨간색 눈송이처럼 팔랑팔랑 흩날렸다.

모여 있던 아테네 시민들은 아름다운 광경에 "와!" 하고 탄성을 터뜨렸고, 남녀노소 할 것 없이 모두 목청 높여 행운을 빌어 주었다.

"아프로디테 여신님, 행운을 빌어요!"

"이시스의 콧대를 눌러 버려요!"

여기저기서 사람들이 소리쳤고, 어떤 소년은 주먹을 허공으

로 쳐들더니 이렇게 외쳤다.

"그리스 짱!"

서풍 제피로스와 북풍 보레아스가 백조 수레를 목적지 키프로스 섬이 있는 남동쪽으로 빠르게 밀어 주었다. 세 그리스 후보자는 수레 양쪽에 붙은 조개 모양 의자에 앉아서 아프로디테에게 질문을 던지기 시작했다.

테사가 먼저 물었다.

"우리가 만나게 될 남자는 어떤 사람이에요?"

"그 사람의 이름은 피그말리온이라고 해요. 난 줄여서 피그라고 부르죠."

그러자 클로이는 박수를 짝짝 치며 애교 넘치는 콧소리로 말했다.

"어머, 별명도 있는 거예요? 아이, 귀여워!"

"아, 지이이이인짜 흥분되네요."

조이가 소리치며 앉은 채로 깡충깡충 뛰자 수레가 출렁출렁 흔들렸다.

테사도 거들고 나섰다.

"저도 그래요. 생각해 봐요. 만약 그 사람이 절 선택하면 온 그리스에 이름을 날리게 될 거예요."

"제가 선택되면 기절할지도 몰라요."

클로이는 의자에서 옆으로 털썩 쓰러지며 기절하는 시늉을 했다.

그 모습을 보며 아프로디테는 생각했다.

'이런 아가씨들이 있는데 나한테 사람들의 이목 끌기 좋아하는 공주라고 하면 너무하지. 호호.'

아프로디테는 후보자들의 익살스런 행동에 저도 모르게 까르르 웃음이 났다. 세 사람은 연애를 하고 싶어 안달이 나 있는 통에 피그가 짜증나고 자기밖에 모르는 인간이란 걸 별로 알아차리지 못할 것 같았다. 피그가 이 중에서 한 명을 선택하면 앞으로 어찌해야 하는지 누구도 물어보지 않았다.

'장거리 연애를 해야 하나? 여자 쪽 가족이 키프로스 섬으로 이사를 가야 할까? 아니면 피그가 아테네로 이사를 와야 하나? 뭐, 내 역할은 후보자와 피그가 서로 만나 볼 수 있도록 해 주는 데까지야. 나머지는 자기들끼리 스스로 헤쳐 나가야지.'

문득 테사가 머리채를 손가락으로 배배 꼬며 물었다.

"저, 아프로디테 님, 피그말리온은 어떻게 생겼어요?"

"그는 예술가예요. 갈색 머리칼에 초콜릿 빛깔 눈동자를 가졌죠."

"어머나, 사슴처럼요?"

클로이가 회색 눈을 크게 뜨며 되묻자, 조이도 송진 껌 풍선을 팟 하고 터뜨리며 거들었다.

"아니면 사냥개 바셋 하운드 같은 색깔이에요?"

"어, 뭐 그런 셈이죠. 둘 다 어느 정도 비슷한 점이 있죠."

테사는 한숨을 푹 쉬며 말했다.

"아, 말만 들어도 정말 사랑스러운 사람 같아요."

아프로디테는 눈을 빙글 굴리며 대꾸했다.

"아유, 왜 아니겠어요?"

아프로디테가 보기에 피그는 남자 친구로서 썩 좋은 상대는 아니었다.

'부디 이 사람들 보기에는 이상형이기를 바라야지 뭐! 사랑 문제에 있어서는 어떤 일이 펼쳐질지 아무도 모르니까. 난 최선을 다해서 골랐어.'

세 후보는 피그와 여러 면에서 공통점이 많았다. 그렇다 해도 피그가 그중 누군가를 좋아할지, 혹은 반대로 과연 그 셋이 피그를 좋아할지는 그들 자신에게 달린 문제였다.

몇 시간 후 백조 수레가 키프로스 섬에 내려앉자, 아프로디테는 세 후보를 이끌고 길을 나섰다. 잠시 후 아프로디테가 피그말리온의 집 문에 걸린 종을 울렸다. 세 후보는 아프로디테의 바로 뒤에 선 채 잔뜩 기대에 부풀어 피그말리온과의 첫 만남을 기다렸다.

문이 열린 순간 아프로디테는 피그말리온이 손에 뭔가 들고 있음을 알아차렸다.

'어머, 작은 분홍색 선물 상자네. 끈으로 포장까지 되어 있어.'

피그말리온은 아프로디테가 선물 상자를 빤히 쳐다보고 있다는 걸 깨닫자 약간 쑥스러워했다. 그러나 그것이 무엇인지는 설명하지 않았다.

'후보자 중에서 진정한 짝을 찾으면 주려고 선물을 마련한 걸까? 자상하기도 해라!'

아프로디테는 피그말리온에 대한 짜증이 누그러들면서 생긋 웃어 보이기까지 했다. 그때 아프로디테의 뒤에 있던 후보들이 흥분해서 키득키득 웃었다. 피그말리온은 그쪽으로 눈길을 돌렸다가 인상을 팍 쓰더니 다시 아프로디테를 쳐다보았다.

"저 여자들은 누구예요?"

속삭이는 척하긴 했지만 피그말리온은 목소리를 전혀 낮추지 않았다.

아프로디테는 옆으로 한 걸음 비켜서며 말했다.

"후보 여러분, 이 사람이 내가 말했던 피그말리온이에요."

이어서 아프로디테는 각 후보를 소개했다.

"피그, 여긴 테사, 클로이, 조이라고 해요."

그러나 피그말리온은 세 여인을 멍하니 쳐다볼 뿐이었다.

"당신을 위해 뽑은 사람들이에요."

아프로디테는 눈을 치켜뜨며 피그말리온의 기억을 되살리려 했다.

"이시스랑 나랑 이상형 찾기 대회를 하고 있잖아요. 기억 안 나요?"

"아, 그거요."

피그말리온은 돌아서서 후보들을 진지하게 5초쯤, 아니 어쩌면 그보다 더 짧게 쳐다보았다. 테사는 긴장해서 자꾸 웃기만 했고, 클로이는 손톱을 잘근잘근 씹었으며, 조이는 발을 탁탁탁 두드려 댔다.

피그는 각 후보를 한 사람씩 가리키며 법정 판결이라도 내리듯이 말했다.

"아니거든요, 아니고요. 절대 아녜요."

아프로디테는 놀라서 입이 떡 벌어졌다.

"뭐라고요? 당신은 인사할 기회조차 주지 않았잖아요?"

세 후보는 지금까지 남자들이 늘 예의바르게 대하는 데 익숙해진 터라 이런 식으로 모욕을 받자 헉하고 숨을 들이쉬었다. 후보들의 얼굴이 피그말리온의 선물 상자처럼 분홍빛으로 달아올랐다. 보아하니 피그말리온이 그 선물을 후보 중 누군가에게 줄 리도 없었다!

"완전 까칠하잖아!"

테사가 인상을 팍 찌푸리며 대꾸했다.

"정말 짜증나!"

클로이가 팔짱을 탁 끼며 쏘아붙였다.

"진짜 재수 없어!"

조이가 팩 하고 골을 내며 씩씩거렸다.

아프로디테는 세 사람의 말에 진심으로 동감했다. 그래서 셋이 휙 돌아서서 백조 수레를 향해 쿵쾅대며 걸어가도 막으려 하지 않았다.

"금방 따라갈게요!"

아프로디테는 세 사람을 향해 소리치고서 허리에 손을 턱 얹으며 피그말리온을 노려보았다.

"도대체 당신은 왜 그리 어기대는 거예요?"

아프로디테는 분노를 펑 터뜨리며 쏘아붙였다.

"난 저 셋을 뽑기 위해 수백 명과 면담을 했어요. 저 셋은 당신에게 완벽한 짝이라고요!"

피그말리온은 콧방귀를 흥 뀌며 대꾸했다.

"저 여자들은 완벽하지 않아요."

"난 저 여자들이 완벽하다고 한 적 없어요. 난 저들이 '당신에게' 완벽한 상대라고 했죠."

"어떤 면에서요?"

피그말리온은 조금도 물러서지 않았다.

"일단 저 셋은 예술가란 말이에요. 테사는 예술 경진 대회에서 상을 받은 조각가예요. 올림피아에 제우스의 새 신전이 지어진 건 알죠? 클로이는 거기 조각 장식을 해 달라고 초청을 받기도 했어요. 조이가 만든 대리석 조각은 지난달 〈세계 예술〉이란 두루마리 잡지에 실렸고요. 게다가 저 아가씨들은 간절하게 짝을 만나고 싶어 한단 말이에요."

"말이라도 한마디 나누었더라면 그런 점을 알아냈을 거 아녜요!"

"굳이 얘기해 볼 필요도 없어요."

오히려 피그말리온은 자신이 거절한 데 대해 아프로디테가 펄펄 뛰는 게 더 놀랍다는 식이었다.

"보자마자 저 여자들은 아니라는 걸 알 수 있던 걸요. 첫 번째 여자는 킬킬거리는 게 웃음소리가 영 이상했어요. 일할 때 옆에서 그런 식으로 킬킬거리면 집중력이 흐트러진단 말이에요. 두 번째 여자는 어릴 때 내 조각상을 부순 여자애를 떠올리게 해요. 그리고 세 번째는, 으, 어디가 잘못 되었는지 솔직히 말도 꺼내고 싶지 않아요. 그 여자가 얼마나 쉽게 짜증내는 성미인지 안 보여요? 난 상냥한 사람이 필요해요. 내가 창작을 할 수 있도록 마음의 평화를 주는 사람 말이에요. 나와 내 작품을 존중해 주는 사람, 쉽게 망가지는 내 섬세한 기분을 이해해 줄 수 있는 사람이 필요하다고요."

피그말리온은 두 손으로 가슴께를 움켜쥐며 외쳤다.

"난 예술가란 말이에요!"

아프로디테는 이를 으드득 갈았다.

"그럼 거지발싸개처럼 굴어도 된다고 생각해요?"

"거지발싸개라니요? 내가요?"

피그말리온은 선물 상자를 내려다보며 만지작거리더니 다시 고개를 들었다.

"다른 사람의 마음을 다치게 할 생각은 없었어요. 정말이에요. 단지…… 사랑이란 느낌으로 바로 아는 거잖아요. 아까 그 아가씨들은 진짜 아니었어요. 나도 그 사람들이 내게 맞는 짝이라면 좋겠다고 생각해요."

피그말리온은 슬픈 듯이 깊은 한숨을 푹 쉬었다.

아프로디테는 피그말리온이 정말로 낙심했다는 걸 알고 분노가 가라앉았다. 진정한 사랑의 여신이라면 이런 상황에서도 의뢰인에게 조언을 해 줘야 마땅했다. 그래서 아프로디테는 이렇게 말했다.

"때로 사랑이란 기회를 줄 때 자라나는 거예요."

"그래요, 나도 알아요."

피그말리온은 놀라울 정도로 솔직하게 대답했다. 피그말리온이 안절부절못하는 모습을 보고 아프로디테는 뭔가 할 말이 더 있음을 눈치챘다. 딱 봐도 중요한 이야기가 분명했다.

"실은 말이죠, 할 이야기가 있어요."

바로 그 순간, 길을 따라 발소리가 울렸다. 아프로디테가 고개를 돌리자 이시스의 모습이 보였다. 아프로디테가 다시 피그말리온을 쳐다보았을 때, 피그말리온의 얼굴은 마음의 문을 쾅 닫아 버리기라도 한 듯 딱딱하게 굳어 있었다.

"이제 저쪽 차례군요."

피그말리온은 예의 그 건방진 태도로 돌아가 있었다.

"좋아요."

아프로디테는 혼란스러웠지만 아무 말 하지 않고 수레 쪽으로 타박타박 걸음을 뗐다.

'이게 무슨 난리람!'

"어떻게 됐어?"

아프로디테와 마주치자 이시스가 불안한 눈치로 물었다.

아프로디테는 억지로 방긋 웃어 보였다.

"잘됐어."

그러나 속으로는 대답이 달랐다.

'물론 엉망진창이지!'

이시스가 데리고 온 세 아가씨는 이시스만큼이나 이국적인 아름다움을 지니고 있었다.

아프로디테는 불안감이 뭉글뭉글 커지는 걸 느꼈다.

'이시스가 이기면 어떻게 하지?'

불안감은 곧 걱정으로 바뀌었다.

'그럼 나한테 뭐가 남을까? 미의 여신으로서의 위치만 가지게 되겠지. 물론 그 이름도 자랑스러워. 하지만 이집트 여신 넷은 하나같이 아름다웠는걸. 사랑의 여신이란 이름을 가져가면

내친김에 미의 여신이라는 이름도 뺏어 가려 하지 않을까?'

아테네에선 모든 이가 목을 빼고 소식을 기다리고 있었다. 피그말리온이 아프로디테의 후보자를 택하지 않으면 그리스 사람들은 분통을 터뜨릴 게 분명했다. 거기에 이집트 여자를 선택한다면 그야말로 펄펄 날뛰게 될 터였다.

'그럼 어떻게 될까? 내 실패가 또 다른 전쟁, 어, 아니, 사고를 일으키게 될까?'

아프로디테는 뒤에서 들리는 피그말리온의 목소리에 퍼뜩 생각에서 깨어났다. 피그말리온은 또 예의 그 얼토당토않게 무례한 태도를 취하고 있었다. 슬쩍 돌아보니 피그말리온은 이시스의 후보들에게 아프로디테 때와 마찬가지로 가혹한 판단을 내리고 있었다. 피그말리온은 세 이집트 여자를 한 명씩 가리키며 자기 느낌을 크고도 명확하게 밝혔다.

"아닙니다. 아니고요, 꿈도 꾸지 마세요."

다음 순간, 이집트 여자들이 쿵쾅거리며 아프로디테 곁을 스쳐 지나갔다. 이시스도 그 뒤를 따라왔다.

"중매 실력이 고작 그것밖에 안 되나요?"

피그말리온이 문간에서 소리쳤다. 아프로디테는 피그말리온이 아직도 분홍색 선물 상자를 들고 있다는 걸 알아차렸다.

'피그말리온이 저 선물을 줄 만하다고 여길 사람이 세상에 어디 있겠어?'

아프로디테는 피그말리온을 향해 소리쳤다.

"그럼 우리 둘 다 사랑의 여신으로 뽑지 않겠다는 건가요?"

피그말리온은 한숨을 푹 쉬었다가 마침내 입을 열었다.

"좋아요. 기회를 한 번 더 줄게요."

피그말리온은 그야말로 어마어마한 은혜를 베푼다는 듯이 굴었다. 그러자 이시스가 아프로디테를 쳐다보며 물었다.

"기회를 또 얻고 싶니?"

"글쎄, 잘 모르겠어."

피그말리온이 다시 소리쳤다.

"이틀을 더 줄게요. 모레 오도록 해요. 아니면 온 세상이 당신들 둘 다 사랑의 여신이란 이름을 얻을 자격이 없다는 걸 알게 될 거예요!"

그 말과 함께 피그말리온이 문을 쾅 닫아 버렸다.

아프로디테는 두 주먹을 불끈 쥐고서 관자놀이를 꽉 눌렀다.

"으으으으. 피그 때문에 머리카락이 빠질 것 같아! 그렇게 되면 저 인간이 짜증나는 이유가 또 하나 늘겠지!"

"내 말이 그 말이야!"

이시스도 분해서 부르르 떨며 맞장구를 쳤다.

아프로디테와 이시스는 절벽에 난 길을 함께 걸으며 백조 수레가 있는 곳으로 향했다.

"아프로디테, 피그말리온이 네 후보들한테도 저런 소리를 했니?"

"거의 비슷해."

아프로디테가 솔직하게 털어놓자 이시스는 한결 마음이 놓이는 눈치였다.

이어 이시스는 버럭 짜증을 내며 머리를 사정없이 흔들었다.

"맹세하는데, 저 피그라는 인간이 한 번만 더 '난 예술가예요.'라는 소리를 했다간……!"

그 말에 아프로디테는 "풋!" 하고 웃음을 터뜨렸다.

"맞아! 예술가라는 게 저 따위로 구는 데 대한 변명이 될 수는 없어!"

"그런데 그 분홍색 선물 상자는 누굴 위한 걸까?"

이시스는 궁금증으로 눈을 반짝이며 물었다.

"우리 둘 중 성공한 쪽에 고맙다는 인사로 주려 했던 걸까? 아니면 선택한 짝에게 주려는 생각이었을까?"

"모르지 뭐."

아프로디테는 이시스가 자기와 한마음이 되어 짜증을 내니 한결 기분이 나아져서 말을 이었다.

"사랑하는 짝을 정말로 간절하게 찾고 싶어 하는 것 같다가, 정작 아무에게도 기회를 주려 하지 않으니 정말 이상해."

순간 아프로디테는 헤르메스의 택배 전차가 배달을 하느라 하늘을 핑 하고 날아가는 걸 보고 내려와 달라고 손짓했다.

이시스가 지친 목소리로 말했다.

"아우, 다 그냥 내일 생각할래. 너도 다시 시도할 거지?"

"이시스 네가 포기하지 않는다면야."

아프로디테는 묻는 듯이 이시스를 슬쩍 쳐다보았다. 그러자 이시스는 고개를 흔들었다.

"포기할 수는 없어. 온 이집트 사람들이 날 응원하고 있는 걸."

수레 앞에 도착하자 아프로디테는 한숨을 푹 쉬며 대답했다.

"그리스 사람들도 마찬가지야."

라의 태양배가 이미 떠났기 때문에 아프로디테는 이집트에 있는 친구들을 데리러 가야 했고, 이왕 가는 김에 이시스와 이집트 인 후보들을 카이로까지 데려다 주기로 했다. 그래서 아프로디테는 그리스 아가씨들을 헤르메스의 택배 전차에 먼저 태워 보냈다.

카이로로 가는 길 내내 이시스는 이집트 후보들의 심기를 달래야 했다. 아가씨들이 피그말리온의 태도에 화를 내는 것도 무리는 아니었다.

아프로디테 역시 여행길 내내 걱정에 사로잡혀 있었다.

'그리스 후보들이 아테네에 돌아가서 뭐라고 할까?'

아프로디테가 카이로 시장에 다가가자 아테나, 페르세포네, 아르테미스가 손을 흔들어 인사했다. 세 친구는 옆에 여행 가방을 끼고 있었다.

백조 수레가 땅 가까이 내려서자 페르세포네가 소리쳤다.

"네가 오는 걸 봤어!"

이집트 여자들이 우르르 수레에서 내리자 아테나가 대뜸 물었다.

"아프로디테, 결과는 어떻게 됐어?"

"묻지 말아 줘."

아프로디테는 이시스와 짧게 어색한 작별 인사를 나누었다. 그런 다음, 친구들과 함께 수레에 올라타고 올림포스 학교가 있는 북쪽으로 향했다. 학교로 돌아가는 동안 네 여신은 서로 헤어져 있었던 기간 동안 있었던 일을 이야기했다. 아프로디테는 친구들에게 대회에서 있었던 일, 피그말리온이 했던 말과 행동을 모두 전했다. 그러나 경쟁에서 반드시 이겨야 하는 이유와 영웅학 성적으로 D를 받아서 추가 점수 얻기 프로젝트를 하기로 했다는 건 밝히지 않았다. 한편 친구들은 피라미드를 구경했던 일과, 하토르가 속임수를 쓰는 바람에 아프로디테를 도우러 그리스로 돌아갈 수 없었던 사연을 털어놓았다.

아프로디테는 하토르가 비열한 수법을 썼다는 말에 실망하지 않을 수 없었다.

'이시스도 함께 일을 꾸민 걸까? 아냐, 그럴 리는 없어. 비록 우리 둘이 경쟁을 하고 있지만 때론 친구가 된 기분이기도 한걸.'

그러나 올림포스 학교에 점점 가까이 다가갈수록 아프로디테는 다른 문제에 신경이 쏠렸다. 위를 바라보니 잿빛 폭풍 구름이 올림포스 학교 전체에 짙게 드리워져 있었다. 제우스 교장 선생님의 기분이 여전히 언짢은 게 분명했다.

'폭풍 구름 상태로 보니 기분이 더 나빠지셨나 봐! 피그말리온 집에서 있었던 일을 들으신 걸까?'

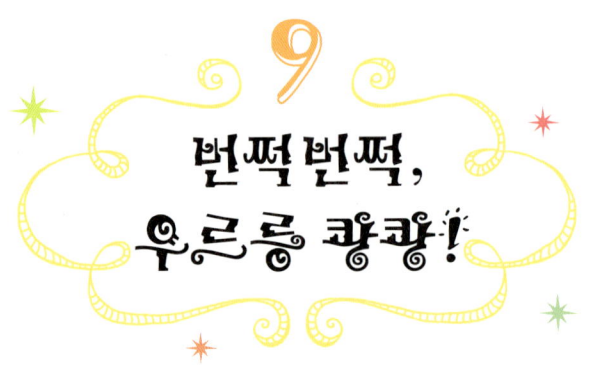

9 번쩍번쩍, 우르릉 쾅쾅!

 백조 수레가 올림포스 학교 가까이 다가가자 무시무시한 우렛소리가 들렸다.
 아르테미스는 귀를 막으며 소리쳤다.
 "교장 선생님이 아직도 기분이 안 좋으신가 봐."
 아르테미스의 말이 떨어지자마자 번쩍하고 번개가 하늘을 갈랐다.
 "그런 것 같네."
 목소리로 미루어 보니 아테나도 아프로디테만큼이나 걱정이 가득한 것 같았다.
 페르세포네가 소리쳐 물었다.

"도대체 이유가 뭘까? 요즘 교장 선생님은 내가 하데스를 처음 만났을 때의 상태보다 더 우울해하시는 것 같아."

네 친구는 잠시 아무 말 없이 폭풍을 가만히 지켜보았다. 친구들의 얼굴에 근심이 가득하자 아프로디테는 일이 이 지경까지 이르는 데 자신이 한몫했다는 죄책감이 들었다. 자기가 영웅학 수업을 망치면서 제우스의 분노를 일으킨 것 같다고 털어놓으려는 순간, 아프로디테는 아테나의 눈에 눈물이 그렁그렁한 걸 보았다.

"아테나, 왜 그래?"

아프로디테는 아테나의 팔에 다정하게 손을 얹으며 물었다.

"어머, 너 우는 거니?"

페르세포네도 놀라서 물었다.

"아냐."

아테나는 고개를 돌리고 눈을 깜박이며 눈물을 삼켰다.

"바람 때문에 눈에 뭐가 들어갔어. 별일 아니야."

아테나를 제외한 세 여신은 서로 눈길을 주고받았다. 아테나는 진실을 말하고 있지 않았다. 뭔가 일이 잘못되어도 크게 잘못된 게 분명했다!

"아테나, 솔직히 네 얼굴이 슬퍼 보인 지 꽤 됐어."

아프로디테는 아테나가 속사정을 털어놓도록 살살 달랬다.

"맞아."

아르테미스도 거들고, 페르세포네도 나섰다.

"뭣 때문에 그렇게 힘들어하는지 말해 주지 않을래?"

잠시 후 아테나가 친구들 쪽으로 고개를 돌렸다. 아테나의 얼굴은 발갛게 달아올라 있었다. 내내 속에 억눌렀던 감정을 이제 펑 터뜨릴 준비가 된 것 같았다.

아테나가 마침내 말을 와르르 쏟아 냈다.

"꼭 알아야겠다면 말해 줄게. 엄마가 아빠를 버리고 떠났어!"

아프로디테는 머리를 한 대 얻어맞은 기분이었다.

"메티스 여신께서 제우스 교장 선생님을 떠났다고?"

아테나는 고개를 끄덕이더니 와락 울음을 터뜨렸다. 페르세포네는 아테나의 어깨를 부드럽게 쓰다듬어 주었다.

"오, 아테나. 정말 안됐어. 도대체 어떻게 된 거니?"

"어떻게 된 거냐면……. 우리 엄마가 파리라는 거 알지?"

아테나가 묻자 모두들 말없이 고개만 끄덕였다.

"몇 주 전에 엄마가 아빠 머릿속에서 사는 데 너무 지쳤다고 털어놓았어. 그러더니 다른 파리 친구와 함께 어울리고 싶다고 윙 하고 떠나 버린 거야. 겹눈과 찐득거리는 발을 가지고 사는 게 어떤 건지 다른 파리만이 이해할 수 있다면서 말이야."

아테나는 울음을 멈추려 했지만 눈물이 계속 주르륵주르륵 흘러내렸다. 페르세포네가 여행 가방에서 휴지를 꺼내 주자, 아테나는 "흥!" 하고 코를 풀고서 어깨를 으쓱했다.

"엄마랑 아빠는 서로 잘 지내지 못했어. 그래도 이런 일이 생길 줄이야!"

아테나가 다시 흑흑 흐느껴 울기 시작하자 친구들은 다 같이 아테나를 꼭 안아 주었다.

아프로디테는 얼른 수레가 학교 주변을 빙빙 돌도록 백조들에게 지시했다. 쉬운 일은 아니었지만 아프로디테는 궁금해 죽을 지경인 질문들을 애써 참았다.

'지금 아테나는 속을 다 털어놓고 홀가분해져야 해.'

아테나는 훌쩍이며 이야기를 이었다. 이야기를 다 듣고 난 페르세포네가 말했다.

"이제야 교장 선생님이 왜 그렇게 언짢아했는지 이해가 돼."

"그래, 교장 선생님 기분이 나날이 더 나빠지기만 하는 것 같

더라고."

아르테미스는 말하다 말고 학교 뜰을 가리켰다.

"저길 봐!"

나머지 세 여신도 수레 너머 아래쪽을 내려다보았다.

제우스가 얼굴이 시뻘겋게 달아오른 채 주먹을 흔들며 키클롭스 선생님에게 고래고래 소리를 지르고 있었다.

"이 답답한 외눈 양반아, 길 다닐 때 한눈팔지 말라고 하지 않았나?"

고함 소리와 함께 제우스와 키클롭스 선생님 위로 빗방울이 후드득 떨어졌다.

"하마터면 자네 때문에 내가 죽을 뻔했잖아!"

한편 창가에는 학생들이 우르르 몰려서 사태를 빤히 지켜보고 있었다. 그 모습에 아테나는 끙 하고 신음을 뱉었다.

"아유, 어쩌면 좋아."

아프로디테는 아테나의 손을 꽉 잡았다.

"누구든 극심한 불행에 빠지면 괜스레 다른 이에게 화를 퍼붓기도 하는 거야. 아마 교장 선생님은 메티스 여신께서 떠나서 너무 외로우신가 봐."

아테나는 깜짝 놀라서 아프로디테를 쳐다보았다. 그 바람에 줄줄 흐르던 눈물도 멎었다.

"난 이번 일이 너무 슬프고 한편으로는 부끄러워서 줄곧 내 기분만 신경 썼어."

아테나는 천천히 말을 이었다.

"그런데 아프로디테 네 말이 맞아. 아빠도 외로운가 봐. 항상 머릿속에서 엄마가 쉴 새 없이 윙윙거렸는데 갑자기 모든 게 너무 조용할 거 아냐."

페르세포네는 생각에 잠긴 채 고개를 끄덕였다.

"교장 선생님도 새로운 상황에 익숙해지려면 시간이 걸릴 거야."

제우스가 쿵쾅거리며 자리를 뜨자 폭풍우도 함께 따라갔고, 폭풍우가 움직이자 남아 있던 거친 바람에 백조 수레가 흔들렸다. 아프로디테가 수레를 안정시키기 위해 할 수 있는 일은 많지 않았다.

"꽉 잡아!"

아프로디테는 백조 수레를 아래로 몰며 소리쳤다.

"이 폭풍은 금방 지나갈 거야. 그렇지만 땅에는 온통 새로 생긴 번개 구멍이 가득할 거야."

백조 수레는 덜컹이며 땅에 내려서더니 빗물이 맺힌 대리석

타일을 지나 옆으로 쭉 미끄러졌다. 결국 수레는 타일에 박힌 커다란 번개에 쾅 부딪히고서야 멈춰 섰다. 폭풍이 지나가자 하늘은 어느새 연회색으로, 이어 푸른색으로 바뀌었다.

"아빠가 다시 산책을 가서 정말 다행이야."

아테나의 말에 아르테미스가 맞장구를 쳤다.

"어휴, 딱 맞춰 가셨네."

친구들이 가방을 들고 수레에서 내려 학교 현관으로 가는 동안, 아프로디테는 줄어든 백조 수레를 손가방에 소중히 담고 친구들 곁으로 갔다. 네 여신은 학교 청동 문을 열었다가 깜짝 놀라고 말았다. 아르테미스의 세 사냥개들이 로비에서 껑충껑충 뛰어다니고, 같은 곳에서 키클롭스 선생님이 하데스에게 버럭 소리를 지르고 있었다.

"이 버르장머리 없는 녀석들 당장 데리고 나가!"

키클롭스 선생님은 아프로디테 일행을 발견하자 외눈을 찡그렸다.

"아르테미스! 당장 이리 와라!"

아르테미스는 잘못 걸렸다는 예감에 어깨를 축 늘어뜨렸다.

"오, 이런, 망했다."

"나도 같이 갈게."

페르세포네의 목소리에는 걱정이 가득했다.

두 여신은 사형 선고를 받은 죄수 같은 분위기로 키클롭스 선생님을 향해 터덜터덜 걸음을 옮겼다. 그 와중에도 하데스는 사냥개들을 잡으려 애썼지만 허탕만 쳤다. 이틀이나 떨어져 있다가 드디어 아르테미스를 보자 사냥개들은 더 들떠서 현관 로비를 돌아다니며 난리법석을 피웠다. 수에즈가 벌떡 일어서서 키클롭스 선생님의 등에 앞발을 턱 얹자 키클롭스 선생님은 하마터면 앞으로 철퍼덕 넘어질 뻔했다. 겨우 중심을 되찾자 키클롭스 선생님은 아르테미스와 하데스를 번갈아 노려보며 고함을 질렀다.

"누구든 이놈들한테 버릇을 가르쳐 놓지 않으면 내가 직접 학교 밖으로 쫓아내 버릴 거야!"

"수에즈, 앰비, 넥타, 이리 와!"

아르테미스가 소리치며 뒤쫓았지만, 사냥개들은 너무 흥분해서 도통 말을 들으려 하지 않았다. 심지어 앰비는 페르세포네의 여행 가방을 덥석 물기까지 했다. 페르세포네가 미처 어떻게 해 보기도 전에 앰비는 가방 옆을 찢어서 안에 든 옷을 끄집어냈다. 그러고는 넥타와 둘이서 신 나게 고개를 끄덕이며 옷가지를 공중으로 획획 던졌다. 그게 다 놀이라고 여기는 모양이었다. 수에즈는 앰비와 넥타 곁을 빙글빙글 돌며 꼬리를 흔들고 멍멍 짖어 댔다.

분노는 감기처럼 전염성이 있어서 제우스 교장 선생님의 노여움이 키클롭스 선생님에게 옮고, 다시 아르테미스에게 번졌는지 이제는 아르테미스도 개들을 향해 바락바락 소리를 지르고 있었다.

아프로디테는 제우스의 기분이 우울한 게 어디까지 자기 책임인지 더 이상 알 수가 없었다. 그러나 적어도 일부분은 자기 탓이 분명했다. 어쨌거나 트로이 사고를 일으켜서 인간들의 분노를 산 건 아프로디테였다.

갑자기 아테나가 아프로디테의 팔을 붙잡더니 계단으로 끌며 다급하게 물었다.

"우리 얘기 좀 할 수 있을까?"

아프로디테는 아테나를 따라가면서도 로비에서 벌어지는 난장판에서 눈길을 뗄 수 없었다.

'우리가 여기서 할 수 있는 일은 없어. 그리고 지금 아테나가 이야기하길 원하잖아.'

아프로디테는 마음을 정했다.

"아테나, 내 방으로 가자."

고함 소리와 개 짖는 소리가 너무 커서 아프로디테는 사실상 고래고래 소리를 질러야 했다.

여학생 기숙사 복도에 도착하자 아테나가 말했다.

"아냐, 내 방이 더 가까워. 판도라가 나가고 없으면 거기서 얘기하면 돼."

아테나는 아프로디테의 대답을 기다리지 않고 자기 방을 살짝 들여다보았다. 방이 텅 비어 있기에 두 여신은 안으로 들어갔다. 아테나는 책상에 가방을 휙 던지고 침대에 걸터앉자마자 말을 좌르르 쏟아 냈다.

"아프로디테, 너랑 같이 우리 엄마 아빠 문제를 이야기하고 싶었어."

아프로디테는 문을 닫고 아테나 맞은편 판도라의 침대에 앉았다.

"혹시 조언이 필요한 거라면 페르세포네가 올 때까지 기다리는 게 낫지 않을까? 난 부모님 문제에 대해서는 아무런 경험이 없잖아."

"하지만 넌 사랑에 대해 누구보다 잘 알잖아."

아테나는 간절한 눈빛으로 말을 이었다.

"난 네가 우리 아빠를 도와줬으면 해."

그 말에 아프로디테의 눈썹이 위로 쏙 치솟았다.

"내가? 제우스 교장 선생님을 돕는다고?"

신들의 제왕이자 하늘을 지배하는 자가 누군가의 도움을 필요로 한다는 건 그야말로 낯설기 짝이 없는 생각이었다.

"그래. 아빠가 외로워한다는 네 말이 맞는 것 같아. 넌 러브 러브 클럽도 운영하고 있잖아. 아빠가 데이트하고 싶어 할 만한 상대가 없을까?"

아테나는 잠시 뭔가를 생각하더니 말을 이었다.

"음, 그러니까 마음 맞는 친구가 될 만한 아빠 또래의 여신 말이야. 아빠의 변덕스러운 기분을 그다지 신경 쓰지 않고,

또…… 가끔씩 집에 번개 구멍이 생겨도 개의치 않을 만한 분이면 좋겠는데."

"교장 선생님의 상처 받은 마음을 치료해 줄 분을 찾아 달라는 거니?"

아프로디테는 되물으면서 속으로 생각했다.

'으, 어떻게 하지? 이건 내가 바라던 일이 아닌데.'

올림포스 학교 학생들은 모두 교장 선생님을 어느 정도 두려워했고, 아프로디테라고 예외는 아니었다.

"바로 그거야. 해 줄 수 있어?"

"어……."

아프로디테는 선뜻 대답하지 못한 채 생각했다.

'아테나는 부모님이 헤어지는 바람에 충격을 받아서 힘들어했잖아. 하긴 누구라도 안 그렇겠어?'

그렇다 하더라도 제우스 교장 선생님 일에 직접 나서는 건 생각만 해도 두려운 일이었다.

'만약 나한테 화를 내시면 어떻게 하지? 주제넘게 나선 벌로 퇴학시키겠다고 하면 어떻게 해?'

아테나는 뒤쪽 선반으로 손을 뻗어 말 인형 우디를 집어 들었다. 우디는 아테나가 처음 올림포스 학교로 전학 왔을 때 집에서 가져온 것으로, 문제의 영웅학 수업 시간에 트로이 목마로 사용되기도 했다.

아테나는 우디를 가슴에 꼭 끌어안고서 우디의 갈기에 턱을 얹더니 말했다.

"사실 가장 나쁜 게 뭔 줄 아니?"

"뭔데?"

"엄마가 아빠 머릿속에서 살 때, 난 엄마가 파리가 아니라 여느 여신과 똑같이 생겼을 거라 상상하며 지냈어. 그런데 엄마가 아빠 귀에서 윙윙거리며 빠져나왔을 때 진짜 파리라는 걸 보니까 너무 실망스럽더라. 그리고 그런 생각을 하는 나 자신이 정말 싫었어. 엄마가 파리 모습인 건 엄마도 어쩔 수 없는 일이잖아."

아테나의 말을 듣고 있던 아프로디테는 부드럽게 대답했다.

"네가 그런 기분을 느끼는 것 역시 어쩔 수 없는 일이야."

"아프로디테, 날 도와줄 거지? 우리 아빠를 도와줄 거지?"

속으로는 생각만 해도 부르르 진저리가 났지만 아프로디테는 결국 고개를 끄덕였다. 아테나가 자신을 필요로 하는데 모른 체하며 내버려 둘 수는 없었다. 물론 아직도 이상형 찾기 대회에서 이기고 싶고, 성적을 끌어올리고 싶지만, 친구를 돕는 일이 더 중요했다.

"알았어. 일단은 뭘 좀 가지고 와야 해. 잠깐 기다려."

아프로디테는 복도를 쌩하고 달려가 방에서 클럽 회원용 질문지를 집어 들었다. 아테나의 방으로 돌아온 아프로디테는 아테나에게 질문지를 건넸다.

"이건 질문지인데, 교장 선생님에게 딱 맞는 짝을 찾기 위해 필요한 거야. 네가 교장 선생님의 답을 받아 줬으면 해."

"어디 한 번 볼까?"

자기 책상에는 가방이 놓여 있어서 아테나는 판도라의 책상에 질문지를 펼쳐 놓고 질문을 쭉 살폈다. 그러더니 아프로디테를 돌아보았다.

"무슨 수로 아빠한테 질문지에 답하게 하지? 앞뒤 설명도 없이 그냥 '여기 답하세요!' 하며 턱 내어놓을 수도 없는 노릇이잖아. 아빠는 남이 이래라저래라 하는 걸 아주 싫어하시는걸."

아프로디테는 잠시 생각해 보더니 아이디어를 내어놓았다.

"질문지를 〈최신 건축〉 잡지 사이에 끼워 넣으면 어떨까? 교장실에서 늘 그 두루마리 잡지를 읽고 계시잖아? 누구든 질문지라면 사족을 못 쓰니까, 일단 눈에 보이면 교장 선생님도 답을 다실 거야. 설사 기분이 안 좋은 때라고 해도 말이야."

아테나의 얼굴이 확 밝아졌다.

"무슨 말인지 알겠어. 나도 〈십 대들의 두루마리〉 잡지를 볼 때 질문지가 나오면 꼭 답을 달거든. 마치 최면을 거는 것 같다니까. '넌 내게 답을 달게 될 거다아아아아아아.' 하면서 말이야."

아테나가 질문지에서 손을 떼자 두루마리가 마법처럼 도르르 말렸다.

판도라의 책상에는 숙제가 펼쳐져 있었다. 아프로디테는 판도라가 두루마리 공책 한 귀퉁이에 해 놓은 낙서에 눈길이 갔다. 안에 P가 쓰인 하트 두 개가 서로 연결된 그림이었다.

'판도라와 포세이돈의 P로구나. 틀림없어.'

그러자 아프로디테는 갑자기 해야 할 일이 줄줄 떠올랐다.

"아테나, 난 이제 가 봐야겠어. 너도 짐을 풀어야지."

아프로디테는 여전히 피그말리온에게 짝을 찾아 줄 수 있길 바랐으며 판도라를 실망시키고 싶지도 않았다. 그리고 메두사도 도와주고 싶었다. 썩 내키지는 않았지만 그게 옳은 일이라는 걸 마음 깊숙한 곳에서 알고 있었기 때문이었다. 물론 그렇다고 새삼스레 메두사를 좋아하게 된 건 아니었다. 게다가 이제 아프로디테는 제우스 교장 선생님의 짝도 찾아야 했다.

'우와, 교장 선생님 건만 해도 24시간이 모자랄 지경인걸!'

아테나는 신이 난 듯 깡충깡충 뛰었다.

"마침 아빠가 교장실을 비웠으니 지금 몰래 들어가서 잡지 사이에 질문지를 끼워 넣을게."

아테나는 아프로디테를 꽉 껴안았다.

"아프로디테, 정말 고마워."

이윽고 아테나와 아프로디테는 각자 목적지를 향해 떠났다. 방으로 돌아가면서 아프로디테는 아폴론의 밴드가 만든 사랑 노래를 흥얼거렸다. 아테나는 아빠를 도울 계획을 세우자 한결 발랄해졌다. 새로운 도전거리를 만나니 아프로디테도 의욕이 샘솟았다. 메두사의 말이 옳았다. 아프로디테는 아무리 상황이 엉망진창이어도 늘 행복해질 거리를 찾아냈다!

방에 들어서자 아프로디테는 우편함을 확인해 봐야겠다는 생각이 들었다. 비어 있을 거란 아프로디테의 예상과 달리 손가락 끝에 마법이 찌르르 전해지는 걸 느꼈다.

'어머, 불멸의 존재로부터 편지가 왔나 보네.'

편지의 내용은 다음과 같았다.

> 그대는 에로스의 화살로
> 내 마음에 상처를 입혔죠.
> 그댈 좋아하는 난 누굴까요?

'오, 신이시여? 또 수수께끼 편지야?'

아프로디테는 처리해야 할 일이 널린 만큼 그 편지까지 신경을 쓸 여유가 없었다.

'누가 보냈는지 알아내야겠어. 지금 당장!'

아프로디테는 계단을 쿵쿵거리며 내려가 헤파이스토스를 찾았다.

헤파이스토스는 대장간에서 일을 하고 있었다. 그리고 아프로디테가 헤파이스토스더러 만나 보라고 부추겼던 아글라이아가 곁에서 돕고 있었다.

"봐, 아글라이아. 이렇게 집게로 집어서 불 속에 들고 있다가 꺼내서 식히는 거야."

헤파이스토스의 설명을 듣더니 아글라이아는 까르르 웃음을 터뜨렸다.

"이거 정말 재미있어!"

아글라이아가 집게를 뒤집는 순간 아프로디테는 아글라이아의 손목에서 반짝이는 팔찌를 보았다. 예전에 헤파이스토스가 그 황금 팔찌를 주려 했을 때, 아프로디테는 언젠가 특별한 사람이 생기면 그 사람에게 주라고 했던 일이 떠올랐다.
 '이제 그런 사람이 생긴 모양이구나. 둘이 아주 잘 어울리는 것 같아.'
 그래도 아프로디테는 확신이 필요했다. 그래서 둘이 눈치채기 전에 도구함 뒤에 몸을 숨기고서 새 한 마리를 불렀다. 아프로디테의 명을 받은 새는 아글라이아의 어깨에 앉아 친구가 학생 식당에서 만나자 한다는 소식을 전했다. 아글라이아가 자리를 뜨자 아프로디테는 숨어 있던 자리에서 나와 헤파이스토스 곁으로 갔다.
 헤파이스토스는 아프로디테를 보자 얼굴이 환해졌다.
 "어, 아프로디테! 대장간에는 웬일이야? 달리기 시합을 위해 황금 사과가 또 필요한 거니?"
 예전에 아프로디테가 히포메네스란 남자의 짝사랑이 이루어지도록 도울 때 헤파이스토스가 황금 사과를 만들어 준 적이 있었

다. 아프로디테는 헤파이스토스가 그때 이야기를 하는 걸 알고 빙그레 웃고서 필요 없다며 고개를 저었다.

헤파이스토스는 아프로디테가 아는 한 가장 훌륭한 소년 신 중 하나였지만, 아프로디테에게 있어서 친구 이상은 아니었다. 또한 아프로디테는 헤파이스토스도 자신을 그저 친구로 여기기를 바랐다.

"아니, 이번에는 금세공이 아니라 다른 일로 도움을 받을 수 있을까 해서 왔어."

"그래, 뭐든지 말해."

헤파이스토스는 여전히 불 속에서 집게를 조작하며 물었다.

"부탁이 뭔데?"

"어, 내가 지금 시를 한 편 쓰고 있거든. 그런데 '비탄'이라는 낱말과 운율이 맞는 말이 생각나질 않아. 마땅한 게 뭐 있을까?"

헤파이스토스는 고개를 갸우뚱하고서 눈을 위로 치켜뜬 채 골똘히 생각에 빠졌다.

"불행?"

헤파이스토스는 일단 대답을 했다가 다시 말했다.

"아, 잠깐. 그건 비슷한 말이지. 운율은 안 맞는구나. 어…….

석탄? 아님 감탄은 어때?"

"흐으으으으음. 아주 좋은 제안이야."

아프로디테는 다시 헤파이스토스를 향해 방긋 웃어 보였다. 헤파이스토스는 금속 세공만큼은 따라갈 자가 없지만 운율을 다루는 데는 영 소질이 없는 것 같았다. 따라서 헤파이스토스가 수수께끼 편지를 썼을 리도 없었다.

"난 이제 가 볼게. 고마워!"

대장간을 나선 뒤 아프로디테는 두루마리 편지 끝으로 턱을 톡톡 치며 생각에 잠겼다.

'헤파이스토스가 쓴 게 아니라면 누가 이렇게 운율을 맞춰 가며 수수께끼 편지를 쓴 거지?'

아프로디테는 학교 뜰을 지나며 지나가는 남학생들을 한 명씩 유심히 살펴보았다. 남학생들은 아프로디테가 쳐다보자 곧바로 얼굴에 생기가 돌았다.

'저 애들 중 하나가 편지를 보낸 걸까? 이런 식으로는 누구라도 가능성이 있는 거잖아!'

아프로디테는 한숨을 푹 쉬었다. 지금은 누가 수수께끼 편지를 보냈느냐 하는 문제 말고도 더 중요하고 걱정스러운 일이 잔뜩이었다. 제우스 교장 선생님의 답을 기다리는 동안 피그말리온 사태를 해결해야 하고, 판도라와 메두사, 포세이돈의 삼각관계도 어떻게든 처리해야 했다.

'영웅학 수업 때는 어처구니없이 내 손으로 메넬라오스 왕과 파리스, 헬레네 삼각관계를 만들었잖아. 부디 이번엔 그렇게 대재앙으로 끝나지 말아야 하는데.'

피그말리온 문제를 처리하는 데 있어 아프로디테는 이제 후보자를 직접 데리고 가지 않을 작정이었다.

'그건 이미 한 번 해 봤는데 잘 안됐어. 그렇다면 다른 방법을 써야지. 이젠 새 후보자들의 초상화만 가지고 갈 거야.'

아프로디테는 잉꼬로 변신해서 아테네로 날아갔다. 목적지에 도착하자 아프로디테는 다시 여신의 모습으로 돌아와서 전날 광장에서 면담했던 여자 중 다른 셋을 찾아갔다.

이제 피그말리온이 짝으로 어떤 사람을 원하지 '않는지' 좀 더 분명히 알게 된 만큼 아프로디테는 더 좋은 선택을 할 수 있으리라 기대했다.

'이번에는 일단 조각가나 화가는 뽑지 않을 거야. 피그는 자기 짝이 예술가인가 아닌가는 신경도 쓰지 않는 것 같으니까.

대신 창조적인 작업을 존중해 주는 사람을 골라야 해. 그리고 피그처럼 완벽주의 기질이 철철 넘치는 예술가를 참아 줄 만한 사람이어야겠지!'

아프로디테는 세 아가씨를 일일이 만나서 이상형 찾기 대회의 후보로 뽑혔다고 알렸다. 다행히 새로운 후보들은 2차전에 참가하게 된 걸 즐겁게 받아들였다. 아프로디테는 각 후보에게 자신을 소개하는 시를 써서 제출해 달라고 했다. 물론 유머와 감정을 듬뿍 담으라는 충고도 잊지 않았다. 그런 다음 아프로디테는 솜씨 좋은 화가를 만나 세 후보의 집을 방문해 보이는 모습 그대로 초상화를 그려 달라며 일감을 맡겼다.

'내일 아침에 다시 와서 초상화와 후보들이 지은 시를 걷어야겠어.'

올림포스 학교에 돌아왔을 때 아프로디테는 배가 너무 고팠다. 그도 그럴 것이 점심도 못 먹었는데 이제 거의 해 질 때가 다 되었다!

식당으로 가는 길에 아프로디테는 아테나와 마주쳤다. 아테나는 거뭇하니 그을고 구겨진 질문지를 손에 들고 있었다.

"그거 혹시 내가 생각하는 바로 그거야?"

아프로디테는 그게 제우스의 답이라는 걸 바로 알아보았다.

아테나는 고개를 끄덕이며 아프로디테를 따라 식당으로 들어가 쟁반을 집어 들었다.

"네 말대로 〈최신 건축〉 잡지 최신호에 끼워 두었거든. 그랬더니 아빠의 주의를 끌었는지, 짜잔! 이것 봐, 모든 질문에 답이 달려 있어."

"얘들아!"

아프로디테와 아테나가 돌아보니 페르세포네와 아르테미스가 식당으로 들어오고 있었다.

아르테미스는 꽁무니에 사냥개들을 줄줄 달고 다가왔다.

"우리도 간식 먹으러 왔어. 우리 자리도 잡아 줘. 금방 갈게."

아르테미스와 페르세포네가 쟁반에 음식을 담는 사이, 아프로디테가 아테나에게 속삭였다.

"이 질문지 감출까? 아니면……."

"괜찮아."

아테나는 얼른 대답했다.

"아르테미스와 페르세포네가 알아도 돼. 어쩌면 우리를 도와줄 수 있을지도 몰라."

"뭘 도와?"

아르테미스가 식탁에 쟁반을 내려놓으며 물었다.

"그게 뭐니?"

페르세포네는 자리에 앉으며 군데군데 타 버린 질문지를 숟가락으로 가리키더니 암브로시아 아이스크림을 퍼먹었다.

"음, 맛있다."

아테나와 아프로디테는 나머지 두 친구에게 얼른 상황을 설명했다. 곧이어 네 여신은 머리를 한데 모으고 제우스의 답을 살펴보았다.

페르세포네가 인상을 찌푸리며 먼저 말을 꺼냈다.

"무슨 글자인지 전혀 못 알아보겠어."

"날 쳐다보지 마. 나도 모르겠으니까."

아르테미스도 고개를 절레절레 저었다. 그러자 아테나가 질문지를 집어 들었다.

"내가 읽어 볼게. 내 나름대로 아빠 글씨 해독하는 요령을 터득했으니까. 게다가 너희는 식사 중이잖아."

아프로디테는 넥타를 한 모금 마시더니 말했다.

"좋아, 그럼 내가 질문을 말할게. 전부 외우고 있으니까. 그럼 아테나 네가 답을 읽어 줘. 첫 번째 질문은 이거야. '어떤 동물을 좋아하세요?'"

"아빠는 '전부 다'라고 썼어."

"오호, 대답 좋은데."

아르테미스는 추임새를 넣듯이 대꾸하며 바닥에 암브로시아를 세 숟갈 뚝 뚝 뚝 떨어뜨렸다. 그러자 사냥개들이 게 눈 감추듯 후루룩 삼켜 버렸다.

아프로디테가 다시 질문을 읊었다.

"다음 질문. '당신은 당신의 어떤 점이 좋은가요?' 잠깐, 내가 맞혀 볼게."

아프로디테는 수프를 한입 가득 떠먹으며 덧붙였다.

"모든 항목에 다 표시되어 있지?"

"맞아. 아빠 말대로라면 아빠는 성격도 좋고, 똑똑하고, 좋은 친구이고, 잘생겼고, 창의적이고, 비밀도 잘 지켜 준대. 아, 그리고 기타 란에는 '모두 다. 무슨 수로 좋아하지 않을 수 있겠어?'라고 쓰셨어."

"맙소사!"

아르테미스는 깔깔거리며 웃는 것 같기도 하고, 흥 하고 콧방귀를 뀌는 것도 같은 소리를 내더니 음료수를 한쪽으로 밀고서 손으로 얼굴을 턱 가렸다.

"어우, 하마터면 코로 넥타르를 뿜을 뻔했잖아."

그 말에 친구들이 "푸핫!" 하고 웃음을 터뜨렸다.

"다음 질문."

웃음이 잦아들자 아프로디테가 말을 이었다.

"친구들은 당신을 어떻게 묘사하나요?"

곧바로 아테나가 대꾸했다.

"이 대답은 우리 모두 보지 않아도 알 수 있겠다."

네 단짝은 서로를 바라보며 키득거리다 한목소리로 외쳤다.

"신들의 제왕이자 하늘을 지배하는 자."

아테나가 답을 확인했다.

"맞아. 어, '당신이 좋은 짝이 될 수 있는 장점은 무엇인가요?'에는 뭐라고 답하셨게?"

네 여신은 다시 서로를 쳐다보다가 함께 어림짐작을 내어놓았다.

"인간들이 나를 숭배하고 두려워하며, 내가 지나가면 벌벌 떤다."

"또 맞혔어."

네 소녀는 까르르 웃음을 터뜨렸다. 사실 그 문구는 교장실에 걸린 제우스의 초상화 밑에 쓰여 있는 글귀였다.

한편 아프로디테는 아테나가 최근 어느 때보다도 행복해 보여서 마음이 날아갈 것 같았다.

아테나가 다시 말을 이었다.

"다음. '바라는 이상형을 묘사할 수 있나요?'"

"아, 그거야말로 가장 중요한 질문이야."

아프로디테는 아테나 쪽으로 몸을 바싹 숙이고서 답을 기다렸다.

"어, 대답이 좀 길어."

아테나는 크게 심호흡을 하고 대답을 죽 읽어 나갔다.

"똑똑하고, 의지가 강하고, 자신만의 재능과 관심거리를 가진 여자. 함께 이야기를 나눌 수 있고, 너무 자주 낄낄거리지 않고, 번개 자국을 신경 쓰지 않아야 함. 곁눈이나 찐득거리는 발을 가지지 않고, 내게 두통을 일으키지 않는 사람을 원함."

대답을 듣자 아프로디테가 말했다.

"흥미롭네. 이제 뭔가 좀 잡히는 것 같아."

적어도 제우스 교장 선생님은 어떤 짝을 원하는지 스스로 잘 알고 있는 것 같았다. 반면 피그는 어떤 짝을 원하지 '않는지'만 알고 있었다. 아프로디테는 수프 그릇을 옆으로 밀어 놓고 뭔가를 골똘히 생각하더니 자리에서 벌떡 일어섰다.

"얘들아, 날개 샌들을 신어. 함께 갈 곳이 있어."

"거기가 어딘데?"

페르세포네가 물었다.

"불멸 쇼핑센터."

아프로디테의 대답에 아르테미스가 질색을 했다.

"으, 난 쇼핑 싫어."

"걱정 마. 네가 생각하는 것 같은 쇼핑이 아니니까."

아프로디테는 친구들을 안심시키고 식당을 나가서 현관 옆 바구니에서 날개 샌들을 집어 들었다.

"우린 아테나의 아버지를 대신해서 쇼핑을 할 거야. 불멸 쇼핑센터에 가면 제우스 교장 선생님이 찾으시는 바로 그분을 만날 것 같은 예감이 들어."

10
헤라

　네 여신은 은색 날개가 달린 샌들을 신고서 평소 걸음보다 10배나 빠른 속도로 학교 뜰을 미끄러져 갔다. 얼마 후 아프로디테 일행은 크리스털 지붕이 얹어진 거대한 불멸 쇼핑센터에 도착했다. 넷은 발목에 감긴 끈을 풀어서 날개에 감아 보통 걸음으로 걸을 수 있도록 조정한 다음, 아르테미스의 사냥개들이 쫓아올 수 있도록 잠시 기다려 주었다. 사냥개가 아무리 빨리 달린다 해도 날개 샌들의 속도를 따라잡기는 불가능했다! 다행히 불멸 쇼핑센터에서는 개가 얌전히 군다면 데리고 들어갈 수 있도록 허락해 주었다.
　쇼핑센터에 들어서자 아프로디테는 아테나를 끌다시피 하며 기다랗고 화려한 코린트 양식 사이의 수많은 가게를 지났다. 페르세포네, 아르테미스, 세 마리 사냥개도 그 뒤를 따랐다.

아테나는 주위를 휘휘 둘러보며 말했다.

"이건 미친 짓이야. 아무리 이곳에서 온갖 것을 다 판다고 해도 '아내'를 쇼핑할 수는 없을 거 아냐?"

그러자 아르테미스가 입을 떡 벌렸다.

"우리 지금 그러려고 온 거야?"

아프로디테는 친구들을 향해 방실방실 웃어 보였다.

"아니. 정확히 말해 아내는 아니지. 솔직히 교장 선생님이 다시 결혼을 하고 싶어 하는지도 모르잖아. 거기까지 생각하기엔 너무 일러. 지금 교장 선생님은 마음 맞는 친구가 필요해. 편하게 같이 어울릴 만한 여자 분 말이야. 교장 선생님은 메티스 여신과 늘 함께 지내는 데 익숙해서 여성스러운 목소리를 그리워하고 계실 거야."

"아프로디테 네 말이 맞겠지. 그런데 여기서 아빠한테 맞는 사람을 찾을 수 있을 거라 생각하는 이유는 뭐니?"

아테나가 묻자 아프로디테는 팔을 쭉 펼치고 쇼핑센터 이쪽 끝에서 저쪽 끝까지를 가리켜 보였다.

"여기엔 여신들이 가득해. 이곳 말고 어디서 한 번에 이렇게 많은 여신을 만나겠어?"

그 말에 페르세포네는 팔꿈치로 아테나를 쓱 찔렀다.

"저기 저분 어때?"

페르세포네는 고갯짓으로 장바구니를 들고 있는 어여쁜 여신을 가리켰다. 화장도 완벽하고, 머리도 아주 복잡한 스타일로 화려하게 꾸미고 있었다.

아테나는 그쪽을 가만히 쳐다보며 말했다.

"그래, 아빠한테 어울릴 만큼 아주 세련된 분이시네."

아프로디테도 고개를 끄덕였다.

"아르테미스, 사냥개들을 저분 쪽으로 보내 봐. 동물을 어떻게 대하는지 살펴보자."

"오, 아프로디테. 그거 좋은 생각인걸."

아르테미스는 허리를 숙이고 사냥개들에게 소곤소곤 명령을 내렸다. 그러자 대번에 세 마리가 앞으로 튀어 나갔다. 문제의 여신은 사냥개가 다가오는 걸 보자 "꺅!" 하고 비명을 지르더니 두려워서 어쩔 줄 몰라 하며 가까운 가게로 뛰어 들어갔다. 얼른 아르테미스가 삐익 하고 휘파람을 불자 사냥개들은 순진무구한 표정으로 타박타박 걸어 돌아왔다.

아테나는 고개를 절레절레 흔들었다.

"아무래도 동물 애호가는 아닌가 봐."

"무서워서 도망가는 모습 너희도 봤지?"

아프로디테의 말에 페르세포네가 고개를 끄덕였다.

"제우스 교장 선생님을 감당하기엔 겁이 너무 많은 편인 것 같아."

그때 갑자기 아프로디테가 "꺄악!" 하고 소리를 질렀다.

"어머나! 저기 좀 봐!"

나머지 세 친구는 아프로디테가 가리키는 방향을 보며 제우스 교장 선생님에게 어울릴 만한 짝이 있는지를 살폈다. 그런데 거기에는 아무도 없었다.

아테나가 물었다.

"어딜 보라는 거야?"

"저기 말이야."

아프로디테가 쌩하고 달려가 멈춘 곳은 밝은 파란색 키톤이 걸린 진열장 앞이었다.

"봐, 진짜 예쁘지 않아? 내 눈 색이랑 똑같은 색이야. 이건 날 위해 만들어진 거나 다름없잖아. 얘들아, 어서 들어가 보자."

그러자 아르테미스가 웃음을 터뜨렸다.

"제우스 교장 선생님을 위한 친구를 쇼핑한다더니 결국 키톤으로 돌아간 거야?"

"헤라의 해피엔딩."

페르세포네가 간판에 쓰인 가게 이름을 읽었다.

"잠깐만 기다려."

그러나 아프로디테는 이미 가게로 들어가 버린 뒤였다. 세 친구는 확신이 없는 듯 쭈뼛쭈뼛 뒤를 따랐다.

가게에는 색색깔의 사각거리는 드레스가 가득 들어차 무지개를 이루고 있었다. 염색을 해서 색깔을 맞춘 긴 장갑과 드레스, 구두, 작은 왕관, 초대장과 꽃꽂이 견본책 등이 가득했다.

"여긴 웨딩샵 같아."

페르세포네가 친구들과 함께 가게로 들어서 속삭였다. 곧이어 아프로디테는 친구들의 말이 옳다는 걸 깨닫고서 어깨를 축 늘어뜨렸다.

"그럼 저 파란 키톤은 신부 들러리용 드레스구나. 그럼 됐어."

그렇지 않아도 아프로디테는 쇼핑센터에 온 진짜 목적에 집중해야 했다.

아테나가 아프로디테를 쿡 찌르며 말했다.

"나가자. 여긴 정말로 결혼식을 준비하는 손님들만 오는 곳이야. 여기서 아빠를 위한 여신을 찾지는 못할 거야."

바로 그 순간 여왕같이 위엄 넘치는 모습의 가게 주인이 아프로디테 일행을 향해 걸어왔다. 가게 주인은 풍성한 금발을 머리 위로 높이 틀어 올려 멋을 냈고, 빈틈없는 눈빛을 지니고 있었다. 그리고 그렇게 키가 크지 않은데도 마치 조각상처럼 당당해 보이는 면이 있었다.

아프로디테는 생기를 띠고서 말했다.

"난 이곳이야말로 우리가 찾는 분을 만날 수 있는 곳이라고 생각해."

아프로디테는 가게 주인의 이름표를 슬쩍 쳐다보았다. 거기에는 '헤라'라는 이름이 쓰여 있었다.

"아가씨들!"

여신은 단호한 목소리로 아프로디테 일행을 맞았다.

"이곳에는 아주 섬세하고 매우 값비싼 드레스가 가득하답니다. 그래서 개를 데리고 들어올 수 없어요."

"개를 싫어하세요?"

아르테미스가 대뜸 묻자 헤라는 방긋 웃으며 대답했다.

"난 개를 싫어한다고 한 적은 없단다."

헤라는 아르테미스의 개들을 한 마리씩 차례로 쓰다듬어 주었다.

"그렇지만 하늘하늘한 결혼식용 드레스와 개는 잘 지낼 수 있는 사이가 아니야. 부탁이니 개들을 가게 밖으로 데려가 주렴. 대신 여기 이걸 주면 어떨까?"

헤라는 계산대 쪽으로 가서 단지 안에 손을 넣더니 개 간식을 세 개 꺼냈다.

아르테미스는 벙글벙글 웃으며 대답했다.

"고맙습니다."

아르테미스는 개를 데리고 나서면서 친구들에게 엄지손가락을 치켜들었다. 혹시라도 친구들이 뜻을 알아차리지 못할까 봐 속삭이기까지 했다.

"난 저분이 좋아. 아, 그러니까 교장 선생님을 위해서 말이야."

"이 가게 주인이신가 봐요?"

아테나는 이 여신이 바로 간판에 쓰여 있는 헤라 여신일 거라 짐작했지만 확인 차 다시 물었다.

"그래."

헤라는 말을 하다가 손님 하나가 다른 두 종업원과 입씨름하는 소리를 들었다.

"애들아, 잠깐 실례할게."

헤라는 나지막하게 말하고서 그쪽으로 가더니 상황을 정리하기 시작했다. 아프로디테와 친구들은 헤라가 짜증내는 손님을 진정시키는 모습을 가만히 지켜보았다.

페르세포네가 속삭였다.

"저분은 자신만의 재능과 관심거리를 가진 것 같아. 게다가 낄낄거리며 웃지도 않고."

아테나도 거들었다.

"그리고 훌륭한 사업가인 걸 보니 엄청 똑똑한 분인 것 같아."

아프로디테가 생각에 잠겨 중얼거렸다.

"번개 자국에 대해서는 어떻게 생각할까?"

그 순간 헤라가 돌아왔다.

"자, 애들아. 뭘 도와줄까?"

네 친구는 멍하니 헤라를 쳐다보았다.

"번개 자국에 대해서 어떻게 생각하세요?"

아테나는 불쑥 물어놓고서 얼른 손으로 입을 막았다. 아테나의 얼굴이 빨갛게 달아올랐다.

"어, 저희는 결혼 선물을 찾고 있어요. 이 친구 아빠를 위해서요."

아프로디테가 아테나의 실수를 만회하기 위해서 그 자리에서 이야기를 꾸며 냈다.

"넌 제우스 신의 딸이지?"

헤라가 아테나를 향해 물었다.

"어디서 본 것 같은 인상이라는 생각이 들더구나."

"우리 아빠랑 아는 사이세요?"

아테나의 말에 헤라는 "호호." 하고 웃었다. 따뜻하면서 음악 소리처럼 듣기 좋은 웃음 소리였다.

"아니, 그래도 그분이 누구인지는 알고 있지. 누군들 제우스 신을 모르겠니? 난 늘 네 아버지를 존경해 왔단다. 그런데 제우스 신께서는 메티스 여신과 결혼하셨잖아. 왜 그분께 결혼 선물이 필요한 거지?"

헤라는 이해가 안 된다는 듯이 고개를 갸우뚱했다.

"아, 내가 잘못 이해했을 수도 있겠네. 아버지 대신 심부름을 하고 있는 거니? 제우스 신께서 결혼식에 손님으로 참석하실 모양이로

구나?"

아프로디테와 친구들은 서로를 쳐다보며 대답을 만들어 내려 했다. 그러나 헤라의 날카로운 눈은 네 소녀 신의 표정을 놓치지 않았다.

"사실 선물을 사러 온 것도 아니구나. 그렇지?"

"맞아요."

아프로디테는 대답하고서 아테나를 쿡 찌르며 나지막하게 속삭였다.

"되게 똑똑하다, 그지?"

"맞아. 그리고 난 귀도 잘 들린단다."

헤라의 말에 아프로디테는 얼굴이 벌겋게 달아올랐다.

결국 아테나가 기어들어 가는 목소리로 진실을 털어놓았다.

"사실 아빠는 더 이상 유부남이 아니에요. 몇 주 전에 엄마랑 헤어졌거든요."

"오, 얘야. 정말 안됐구나."

헤라는 아테나의 어깨에 손을 올려 다정하게 다독여 주었다.

아프로디테와 페르세포네는 아테나 너머로 눈길을 주고받았다. 페르세포네의 표정을 보니 아프로디테가 내린 결론과 똑같은 생각을 하고 있는 것 같았다.

'제우스 교장 선생님께, 그리고 우리 친구 아테나에게도 딱 맞는 분이야.'

아프로디테는 얼른 머리를 굴려 보고 입을 열었다.

"이번 주말 올림포스 학교에서 영웅 주간 기념 댄스파티가 열리거든요. 혹시 거기 오실 수 있으세요? 댄스파티가 열리는 동안 여학생들을 돌보고 감독해 주실 분이 필요해요."

헤라는 깜짝 놀라는 눈치였다.

"아! 샤프롱이 필요한 거로구나! 흠, 갈 수 있을 것 같기는 해. 밤에는 가게 문을 닫으니까."

헤라는 잠시 생각해 보더니 다시 물었다.

"내가 파티에 뭘 좀 가져가야 하지 않을까? 케이크는 어떻겠니? 예쁜 드레스, 초청장, 꽃 장식 말고도 내가 잘 아는 게 있다면 그건 바로 케이크니까."

잠시 후 모든 일이 정해지자 네 소녀 신은 쇼핑센터 통로를 지나 학교로 돌아갈 채비를 했다. 친구들과 즐겁게 어울리다가 이제 다시 피그 문제에 집중해야 한다 생각하니 아프로디테는 마음이 무거웠다.

'이시스는 적당한 후보를 잘 찾아냈을까?'

아프로디테는 이시스를 알면 알수록, 둘 중 하나는 결국 이 경쟁에서 지게 될 거라는 게 자꾸 마음에 걸렸다.

'다른 상황에서 만났더라면 틀림없이 친구가 될 수 있었을 텐데. 그래도 난 반드시 이길 거야. 내가 사랑의 여신임을 증명하기 위해서이기도 하지만, 올림포스 학교와 그리스 사람들을 기쁘게 하기 위해서라도 꼭 이겨야 해!'

마침 클레오 화장품 가게를 지나게 된 아프로디테는 진열장 너머를 슬쩍 쳐다보다가 세눈박이 미녀 클레오가 보이기에 걸음을 멈추었다. 클레오는 화장 전문가답게 보라색 머리칼을 멋지게 손질하고 세 눈에 아름다운 화장을 한 채 계산대 뒤에 서 있었다. 아프로디테는 클레오의 모습을 보며 결심했다.

'이왕 짝을 맺어 주기로 마음먹었으니 하는 데까지 해 봐야겠어!'

"애들아, 너희는 먼저 가. 나도 곧 뒤따라갈게."

아프로디테는 대답도 기다리지 않고 쌩하고 가게로 달려 들어가 클레오와 잠시 이야기를 나눈 다음 바로 나와 친구들을 따라잡았다.

"아프로디테, 뭐 하고 온 거야?"

아테나가 물었다.

"클레오 언니한테 댄스파티가 열리기 전에 올림포스 학교에 와서 여학생들 꾸미는 걸 도와주면 어떻겠냐고 물었어. 즐거움도 더하고, 가게 홍보도 될 거라고 했지."

"우아, 재미있겠다!"

아테나가 감탄을 터뜨리자 아프로디테는 방글방글 웃었다.

'내가 꽃단장을 해 준 뒤부터 아테나는 예전보다 꾸미는 데 훨씬 흥미를 가지게 되었어.'

페르세포네가 아프로디테의 생각을 깨고 불쑥 물었다.

"너 전에 클레오 언니랑 키클롭스 선생님이랑 잘 어울리겠다

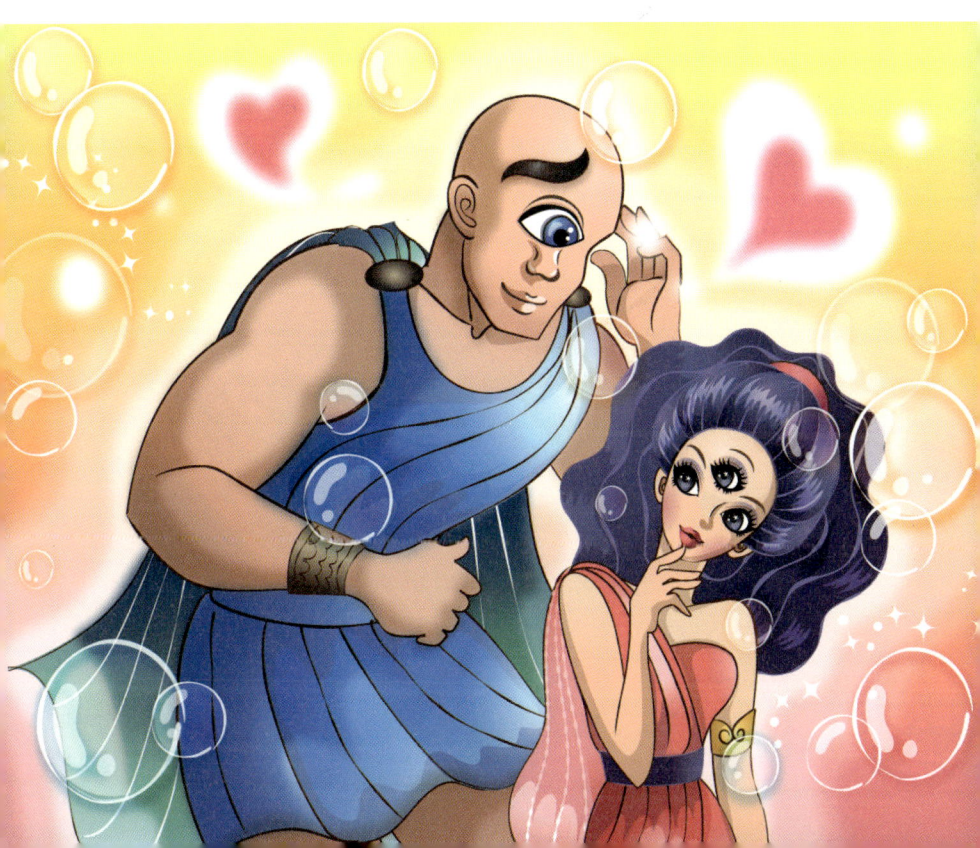

고 하지 않았어?"

아프로디테는 헤죽헤죽 웃으며 대답했다.

"그랬던가? 그랬을 수도 있고."

"너 또 중매 서려는 거지?"

아르테미스가 묻자 아프로디테는 "헤헤." 하고 웃음을 터뜨렸다.

"뭐 어때? 키클롭스 선생님이 클레오 언니랑 잘 지내게 되면 선생님 짜증도 줄어들지 않겠어?"

아프로디테는 속으로 한마디를 더했다.

'그리고 내 성적 올리는 데도 도움이 되겠지!'

갈라테이아

"아무도 없어요?"

다음 날 오후 아프로디테는 피그말리온의 집 종을 흔들며 외쳤다. 벌써 두 번이나 울렸는데 아무런 대답이 없었다.

그날 아침 아프로디테는 백조 수레를 타고서 올림포스 학교에서 아테나로 날아가 세 그리스 후보가 밤사이 쓴 시와 화가가 그린 세 후보의 초상화를 받아 다시 키프로스 섬으로 왔다. 그리고 지금은 이렇게 양팔에 각각 셋씩 두루마리를 여섯 통이나 들고서 피그의 집 현관에 서 있게 되었다.

아프로디테가 세 번째로 종을 울리려고 했을 때, 집 뒤편에서 어떤 소리가 들렸다. 호기심이 발동한 아프로디테는 집을 빙 돌아 뒤뜰로 갔다. 그랬더니 피그말리온이 탁자 옆에 서서 갓 꺾어온 꽃을 어여쁜 화병에 담고 있었다. 피그말리온은 제비꽃 사이에 장미 한 송이를 조심스럽게 꽂으며 뭐라고 중얼중얼거렸다. 아프로디테는 숨죽여 피그말리온의 목소리에 귀를 기울였다.

새빨간 장미꽃
푸르른 제비꽃
아무리 예뻐도
오로지 당신만이
영원한 나의 꽃

'어머, 사랑을 고백하는 시잖아!'
아프로디테는 깜짝 놀랐다.
'저 괴짜한테도 부드러운 면이 있는 건가?'
시의 내용으로 보면 피그말리온은 정말로 사랑할 이를 찾고 있고, 아프로디테나 이시스가 그 꽃을 선물할 만한 사람을 찾아 주길 바라고 있었다. 피그말리온의 외로움에 아프로디테는 마음이 움직였다.

"피그말리온?"

아프로디테가 부드럽게 불렀다.

"꽥!"

피그말리온은 깜짝 놀라 비명을 지르며 뒤로 풀쩍 물러났다.

"아, 또 당신이군요!"

아프로디테는 고개를 끄덕였다.

"꽃이 참 아름답네요."

아프로디테는 꽃을 더 자세히 보려고 탁자에 다가가려 했다. 그러나 아프로디테가 미처 가까이 가기도 전에 피그말리온이 꽃병을 휙 낚아채더니 가슴에 꽉 끌어안았다.

"나한테 뭘 원하는 거예요?"

아프로디테는 재깍 피그말리온의 기억을 되살렸다.

"오늘 만나기로 약속했잖아요. 이상형 찾아 주기 경쟁, 기억 안 나요?"

피그말리온은 시큰둥하게 대답했다.

"아, 기억나네요. 그럼 안으로 들어오세요."

아프로디테는 피그말리온의 태도를 종잡을 수 없었다.

'아니, 이 인간은 도대체 짝을 찾고 싶은 거야 아니야?'

아프로디테는 피그말리온의 뒤를 따라서 옆문을 통해 집 안으로 들어가 조각 작업실로 갔다. 작업실에는 천장에서부터 바닥까지 커다란 커튼이 드리워져 안쪽 공간을 모조리 가리고 있었다.

"여기서 기다려요."

그 말을 남기고 피그말리온은 커튼 뒤로 사라졌다.

'어? 어제까지만 해도 이런 커튼이 없었는데?'

커튼 밖으로 나온 피그말리온은 꽃병을 들고 있지 않았다. 그러나 여전히 꽃향기가 감돌았다. 그리고 다른 냄새도 났다.

'흐흠, 미스터리의 냄새가 솔솔 풍기는걸.'

커튼 뒤에 뭔가 피그말리온이 보여 주고 싶지 않은 것이 있는 게 분명했다.

'이 인간은 왜 이렇게 비밀이 많은 거야.'

피그말리온은 아프로디테에게 다가와 물었다.

"그래서 새 후보는 어디 있어요?"

그제야 아프로디테가 아무도 데리고 오지 않았음을 깨달은 모양이었다.

"이번에는 후보들의 초상화와 후보들이 자신을 소개하기 위해 쓴 시를 가져왔어요."

아프로디테는 가까운 탁자에 놓여 있는 조각용 도구를 옆으로 밀고, 들고 있던 두루마리를 우르르 내려놓았다. 그런 다음 두루마리를 하나씩 풀어서 후보들의 초상화를 보여 주었다. 피그말리온이 초상화를 들여다보는 동안 아프로디테는 각 후보가 쓴 시를 큰 소리로 읽어 주었다. 마지막 시를 읽고 나서 아프로디테는 눈물을 쏙 훔쳤다. 세 편의 시 모두 정말 사랑스럽고, 아프로디테가 요구한 대로 유머와 감정이 넘쳐흘렀다.

"어때요? 모두 멋진 사람들이지요?"

아프로디테는 밝게 질문을 던졌다.

'피그는 아마 세 사람 다 마음에 들 거야. 그래서 내가 한 명으로 선택을 좁힐 수 있도록 조언을 준비해 왔지.'

그러나 피그말리온은 땅이 꺼져라 한숨을 쉬더니 초상화를 하나씩 가리키며 말했다.

"음, 아니고요, 아닌데요, 아닙니다."

아프로디테는 숨이 턱 막혔다. 그리고 피그말리온도 똑같이 숨이 막히도록 목을 조르고 싶었다.

"아니 도대체 뭐가 문제예요?"

다음 순간 아프로디테는 깜짝 놀랐다. 피그말리온이 맥없이 고개를 푹 숙였기 때문이었다.

"나, 나도 잘 모르겠어요."

피그말리온은 땅만 쳐다보며 웅얼웅얼 대답했다.

"아니, 모르겠다면서 어떻게 그렇게 거절을 쉽게 할 수 있어요?"

아프로디테는 화가 나서 펄펄 뛰었다.

피그말리온은 고개를 다시 들더니 괴로운 듯이 아프로디테를 쳐다보았다.

"나도 이걸 어떻게 설명하면 좋을지 모르겠어요. 당신이 날 도우려 한다는 걸 알아요. 솔직히 털어놓을 일이 있어요. 그러니까, 저기, 난 오랫동안 머릿속으로 완벽한 짝에 대한 그림을 그려 왔어요. 그리고……."

뎅그렁!

바로 그 순간 누군가 종을 울렸다. 아프로디테는 숨이 멎는 것 같았다.

'어떻게 해. 이시스가 온 거야.'

피그말리온은 커튼 쪽을 쓱 쳐다보더니 아프로디테에게

경계의 눈빛을 보냈다.

"바로 돌아올게요. 아무것도 만지지 말아요. 알았죠?"

"으흠."

아프로디테는 팔짱을 끼고서 약속 비슷한 걸 했다. 그러나 피그말리온이 나가자마자 커튼 뒤를 염탐하러 들어갔다. 안에 들어서자 피그말리온이 가져온 꽃향기가 더욱 진하게 났다. 주위를 쓱 둘러보던 아프로디테는 기다란 천이 둘러씌워진 조각상 발치에 꽃병이 놓여 있는 걸 발견했다. 처음 아프로디테가 왔을 때 못 보게 막았던 그 조각상임에 틀림없었다. 아프로디테는 호기심이 나서 실제 사람과 길이가 비슷한 조각상 쪽으로 걸음을 옮겼다.

아프로디테는 천 아래를 살펴보려 손을 뻗다가 아무것도 만지지 않기로 '반쯤' 약속했던 사실이 떠올랐다. 그러나 여신에게 있어 약속을 지키면서도 염탐하는 일은 식은 죽 먹기나 다름없었다. 아프로디테는 분홍색 매니큐어 바른 손을 위로 쭉 뻗어 빙글빙글 돌렸다. 그러자 부드러운 산들바람이 일어나 천을 위로 떠오르게 했다.

최상급 대리석으로 만든 조각상이 아래에서부터 조금씩 모습을 드러냈다. 처음에는 살랑대는 치맛자락이 보이고, 잘록

한 허리, 매끈한 두 팔, 가는 어깨, 길게 물결치는 머리칼이 차례로 나타났다. 곧이어 아프로디테는 지금까지 보았던 얼굴 중 가장 아름답고 완벽한 얼굴을 마주하게 되었다. 피그말리온은 여러 면에서 말할 수 없이 짜증나는 인간이었지만, 놀라우리만치 재능 넘치는 조각가임에 틀림없었다.

'그런데 왜 여기다 꽃을 가져다 놓았지?'

꽃병 옆에 새장도 놓여 있어서 천이 걷히자 작은 잉꼬가 맑고 높은 소리로 노래 부르기 시작했다. 그러나 아프로디테가 입술에 손가락을 대며 "쉿!" 하자 잉꼬는 금세 조용해졌다. 곧이어 아프로디테는 다른 것도 발견했다. 새장 뒤에 어제 보았던 분홍색 선물 상자가 놓여 있었다!

아프로디테는 몸을 일으켜 똑바로 섰다. 흥분이 온몸을 타고 좌르르 흘렀다.

'꽃에, 잉꼬에, 분홍 상자라? 하나같이 사랑을 상징하는 거잖아? 좋아하는 사람에게 주는 선물이라고. 그럼 피그말리온은 이 조각상의 모델을 짝사랑하는 건가? 역시 그랬던 거야!'

아프로디테는 그제야 왜 피그말리온이 모든 후보를 거절했는지 이해가 되었다.

'마음을 이미 다른 사람에게 빼앗겼던 거였군! 그럼 왜 나랑

이시스한테 새로운 사랑을 찾아 달라며 헛소동을 벌이게 한 거야? 모델 했던 여자한테 이미 짝이 있기라도 한가? 아님 그 여자 앞에서 너무 수줍음을 타서 고백을 못 하는 건가? 아아, 도대체 뭐야?'

조각상을 빤히 바라보던 아프로디테에게 피그말리온이 이시스와 함께 작업실로 돌아오는 소리가 들렸다. 아프로디테는 얼른 커튼 바깥으로 빠져나와 작업실 그늘에 서서 상황을 지켜보기로 했다. 혹시 경쟁자 이시스가 이기지는 않을까 하는 걱정 때문에 아프로디테는 속이 울렁거렸다. 그러다 한 가지 사실을 깨달았다.

'이시스도 결코 이 경쟁에서 이길 수 없어. 피그의 마음은 이미 다른 사람에게 있으니까.'

이시스가 후보들을 선보이는 순간, 아프로디테는 자신과 이시스의 생각이 얼마나 닮아 있는지 다시금 깨달았다. 이번에는 이시스도 후보를 데리고 오지 않고 초상화를 그려 왔다. 한편 이시스는 시 대신에 노랫말을 쓰도록 했지만, 사실 시나 노랫말이나 그게 그거였다.

아니나 다를까 피그가 또 매몰차게 퇴짜를 놓자 이시스는 화가 나서 따지기 시작했다.

"이 사람들은 하나같이 당신에게 완벽한 짝이 될 수 있어요. 도대체 왜 거절하는 거예요? 아프로디테가 보여 준 후보를 더 좋아하는 거예요?"

"아니. 그런 이유 때문이 아니야."

아프로디테가 그늘에서 걸어 나오며 대신 대답했다. 아프로디테는 커튼 옆으로 가서 섰다.

"이미 다른 사람한테 미쳐 있어서 저러는 거야."

그 말과 함께 아프로디테는 커튼을 확 젖혀서 조각상을 공개했다.

"바로 이 사람이야!"

아프로디테가 연극이라도 하듯이 외쳤다.

피그말리온은 기겁하며 조각상으로 달려갔다.

"내 사랑에게 무슨 짓을 한 거예요?"

피그말리온은 걱정이 가득한 얼굴로 조각상 주위를 빙글빙글 돌며 혹시라도 상한 곳이 없는지 살폈다.

"걱정 마요. 만지지 않았으니까."

아프로디테는 피그말리온을 안심시키려 했다.

"그냥 쳐다만 봤어요. 어쨌든 정말 아름다운 여인이에요."

이시스가 작업실 뒤쪽으로 다가왔다.

"이 여자는 누구예요?"

이시스도 조각상의 아름다움에 넋이 나간 것 같았다.

"이름은 '갈라테이아'라고 해요."

피그말리온이 사실을 털어놓았다.

"그리고 맞아요. 갈라테이아는 내 사랑이에요. 내 진실한 사랑, 영원한 사랑이죠."

피그말리온은 가슴에 두 손을 모으고 조각상을 하염없이 바라보았다.

"하지만 갈라테이아는 당신을 사랑하지 않는군요?"

아프로디테가 슬쩍 떠보자 피그말리온은 슬프게 고개를 끄덕였다.

"러브러브 클럽에 대해 듣고 편지를 쓸 때만 해도 사랑의 여신이 내게 갈라테이아만큼 완벽한 사람을 찾아 주리라 기대했어요."

피그말리온은 땅이 꺼져라 한숨을 쉬더니 말을 이었다.

"그게 불가능한 일이란 걸 진즉에 깨달았어야 하는데······. 내가 갈라테이아를 사랑하는 게 불가능한 것처럼 말이에요."

피그말리온이 너무나 서글픈 얼굴을 하자 아프로디테는 쓸데없는 짓을 하게 된 데 대한 분노가 사그라졌다. 사랑이란 문제와 마주치면 인간들은 때로 어리석은 짓을 했다. 사실 불멸의 존재도 마찬가지였다.

"우리가 대신 갈라테이아와 얘기해 볼게요."

아프로디테의 말이 떨어지자마자 이시스가 아프로디테를 휙 쳐다보았다.

"우리라니?"

솔직히 그 '우리'라는 말은 우연히 튀어나왔다. 그러나 막상 해 놓고 보니 아프로디테는 자신이 그 말을 한 게 다행이다 싶었다. 아프로디테는 정말로 이시스가 마음에 들었고 이시스도 같은 생각이리라 확신했다.

아프로디테가 웃으며 대답했다.

"우리 이제 맞서는 대신 함께 일할 때가 된 것 같아. 어때?"

이시스의 얼굴에 미소가 서서히 퍼져 나갔다.

"네 말이 맞아. 피그, 당신 대답은 뭐죠? 우리가 가서 대신 얘기해 줄까요?"

피그말리온은 아무런 가망이 없다는 태도로 어깨를 들썩하더니 조각상을 가리켰다.

"얼마든지요."

그러자 아프로디테가 대꾸했다.

"아유, 지금 우리가 조각상에 대고 얘기해 주겠다는 게 아니잖아요. 그래 봐야 무슨 소용이겠어요? 이 갈라테이아란 여자가 어디 사는지 알아야……."

피그말리온이 말허리를 잘랐다.

"지금 갈라테이아를 마주하고 있잖아요."

아프로디테와 이시스는 서로를 쳐다보며 눈썹을 추켜세웠다. 피그말리온이 무슨 소리를 하는지 혼란스럽기만 했다.

"혹시 지금 이 '조각상'이랑 사랑에 빠졌다는 얘기를 하는 건가요? 조각상의 모델을 한 여자가 아니라요?"

아프로디테는 도무지 믿을 수가 없어서 묻고 또 물었다.

"모델이라니요?"

피그말리온이 되레 무슨 소리냐는 듯이 되물었다.

"난 한 번도 모델을 쓴 적이 없어요. 내 머릿속의 형체가 훨씬 나은걸요."

아프로디테는 그제야 깨달았다.

'아, 그래서 처음 여기에 왔을 때 우리를 모델이라 생각하고 쫓아내려 했던 거구나!'

피그말리온은 갈라테이아 앞에 한쪽 무릎을 꿇고 앉아 사랑이 넘치는 눈으로 바라보았다.

"어머, 너무 사랑스럽다."

이시스가 감동받은 듯이 중얼거렸다.

"불쌍한 피그. 당신은 정말로 갈라테이아를 사랑하는군요. 그렇죠?"

아프로디테가 묻자 피그말리온이 줄줄줄 대답을 쏟아 냈다.

"어떻게 사랑하지 않을 수 있겠어요? 갈라테이아는 내 걸작인걸요. 여기 작업실에서 매일 조각을 하고 있노라면 갈라테이아는 내 작품을 지치지 않고 바라봐 줘요. 저 부드러운 미소를 보면 기뻐서 심장이 쿵쾅쿵쾅 노래를 부른다고요. 갈라테이아는 나의 모든 것이에요."

갑자기 피그말리온의 목소리에 슬픔이 젖어들었다.

"하아, 갈라테이아의 심장이 돌로 만들어졌다는 게 한탄스러울 뿐이에요."

피그말리온은 어깨를 축 늘어뜨리고서 터덜터덜 걸어가 작업실 앞쪽 의자에 털썩 주저앉았다. 그 모습을 지켜보던 이시스가 말했다.

"아, 미라가 다시 펄떡 살아난다 해도 내 스스로 이 말을 할 리는 없다고 생각했는데. 솔직히 피그말리온이 너무 불쌍해. 우리가 뭔가 도와줄 수 있으면 좋으련만."

아프로디테도 고개를 끄덕이며 열심히 생각했다. 그러자 갑자기 어떤 생각이 번쩍하고 떠올랐다.

"도울 방법이 있을 것 같아."

이시스가 놀라서 쳐다보자 아프로디테는 설명을 시작했다.

"우리 학교에 메두사라는 여자애가 있어. 한번은 그 애가 아테나의 룸메이트인 판도라를 돌로 바꾸어 버렸거든. 그때 아테나가 석상 되돌리기 주문을 써서 판도라를 다시 원래대로 돌려놓았어."

"그 주문이 이번 경우에도 통할지 모른다는 거지?"

아프로디테의 뜻을 알아차린 이시스가 흥분해서 물었다.

"한번 해 보지 뭐."

아프로디테도 덩달아 흥분하기 시작했다.

'이시스가 올림포스 신의 주문은 재미없다고 생각하게 할 수는 없지. 마법이 더 놀라워 보이도록 양념을 좀 쳐야겠어.'

아프로디테는 꽃병에서 꽃잎을 한 움큼 딴 다음 중얼중얼 주문을 외우며 공중으로 확 뿌렸다. 꽃잎이 마법을 타고 천천히 빙글빙글 돌며 내려앉기 시작했다. 그중 일부는 긴 선으로 연결되더니 조각상의 목에 목걸이가 되어 내려앉고, 일부는 머리 위에, 나머지는 땅으로 사뿐히 내려앉아 받침대를 장식했다.

천천히 꽃비가 내리는 중에 아프로디테는 조각상으로 한 걸음 다가가서 갈라테이아의 희고 차가운 손목에 손을 얹었다. 그러고는 목소리를 한껏 꾸미며 주문을 외웠다.

뼈들아, 살들아
돌아오라, 살아나라!

주문을 마친 뒤 아프로디테는 조각상의 손목을 놓고 뒤로 펄쩍 물러나 몸을 숙였다. 혹시 석상이 변하면서 대리석이 튀면 다칠 수 있기 때문이었다. 그런데 대리석 조각이 튀기는커녕 아무런 반응이 없었다.

아프로디테는 몸을 쭉 펴며 중얼거렸다.

"틀림없이 그 주문이 맞는데. 어디가 잘못된 거지?"

그러자 이시스가 제안을 내어놓았다.

"어쩌면 주문을 조금 바꿔야 할지도 몰라. 그 판도라라는 애는 원래 인간이었던 거잖아. 맞지? 인간에서 돌로 변했다가 다시 인간으로 돌아온 경우인 거지. 그런데 갈라테이아는 처음부터 돌이었어. 그러니 주문을 수정해야 할 것 같아."

이시스가 활짝 웃으며 덧붙였다.

"어쨌거나 화려한 마법 쇼는 내 마음에 쏙 들었어."

"고마워."

아프로디테도 생긋 웃었다. 아프로디테는 자신이 일부러 멋을 부렸다는 사실을 이시스가 간파해 낸 게 조금도 놀랍지 않았다. 둘은 정말로 비슷한 점이 많았다.

"그래, 이시스 네 말이 맞아. 주문을 약간 비틀어 봐야겠어."

아프로디테는 잠시 생각해 보고서 조각상 앞으로 다시 다가가 꽃잎을 높이 던져 올렸다. 꽃잎은 아프로디테와 갈라테이아를 둥글게 감싸고서 춤을 추듯 빙글빙글 돌았다. 아프로디테는 갈라테이아의 섬세한 손목을 잡고 새 주문을 외웠다.

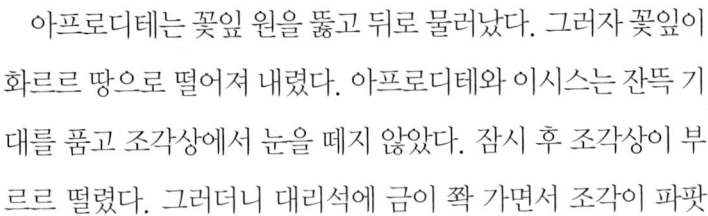

돌에서 태어난 자,
뼈들아, 살들아
살아나라!

아프로디테는 꽃잎 원을 뚫고 뒤로 물러났다. 그러자 꽃잎이 화르르 땅으로 떨어져 내렸다. 아프로디테와 이시스는 잔뜩 기대를 품고 조각상에서 눈을 떼지 않았다. 잠시 후 조각상이 부르르 떨렸다. 그러더니 대리석에 금이 쫙 가면서 조각이 파팟

튀었다. 먼지 구름이 하얗게 피어오르면서 대리석이 천천히 피부, 머리칼, 천으로 된 키톤, 섬세한 샌들로 바뀌었다. 잠시 후 인간이 된 갈라테이아가 보랏빛 눈동자를 깜박이며 물었다.

"내 님은 어디 계시죠?"

갈라테이아는 두 여신 너머를 보며 소리쳤다.

"피그말리온?"

낯선 여자 목소리가 들리자 피그말리온은 퍼뜩 고개를 들고 올려다보았다. 꿈에도 그리던 갈라테이아가 사람이 되어 서 있는 모습을 보자 피그말리온의 눈에 기쁨의 눈물이 차올랐다. 피그말리온은 자리에서 벌떡 일어나더니 갈라테이아 앞으로 달려와 꽃잎이 흩뿌려진 발치에 무릎을 꿇었다. 서로를 바라보는 두 사람의 눈에는 사랑이 철철 넘쳐흘렀다.

"어머, 진짜 낭만적이야."

이시스가 아프로디테 쪽으로 몸을 기대며 속삭이자 아프로디테도 소곤거렸다.

"내 말이 그 말이야. 정말 놀랍지 않니? 아, 난 해피엔딩이 정말 좋아!"

피그말리온은 떨리는 입술을 열어 갈라테이아에게 뭔가 말을 하려 했다. 두 여신은 숨을 죽이고서 사랑 고백을 기다렸다.

그러나 피그말리온이 진정으로 사랑하는 연인에게 한 첫마디는 이랬다.

"대리석 덩이가 끌에게 뭐라고 했게요?"

두 여신은 도무지 믿을 수가 없어서 헝 하고 콧방귀를 끼었다. 그러나 갈라테이아는 고개를 갸웃하더니 진지하게 생각하기 시작했다.

"글쎄요. 모르겠어요. 뭐라고 했을까요?"

피그말리온이 대답했다.

"깔 테면 까 봐!"

피그말리온과 갈라테이아는 세상에 그렇게 재미있는 농담은 처음 들어 본다는 듯이 신 나게 웃었다.

아프로디테와 이시스는 어이가 없어서 서로를 멍하니 쳐다보았다.

"연인한테 하는 첫마디가 시답지 않은 농담이라니!"

이시스가 속삭이자 아프로디테도 맞장구를 쳤다.

"진짜 취향도 각각이지? 그래도 갈라테이아는 재미있다고 웃으니 다행이지 뭐."

두 여신이 아직 그곳에 있다는 사실을 그제야 떠올렸는지 피그말리온이 갑자기 뒤로 돌아섰다.

"누가 이 기적을 불러일으켰죠?"

이시스가 얼른 대답했다.

"아프로디테예요."

피그말리온은 작업대 위로 가서 파피루스와 깃털 펜을 집어 들었다.

"그럼 얼른 선언문을 써서 온 세상에 소식을 전해야겠군요. 아프로디테 님이 진정하고 유일한 사랑의 여신이라고 말이죠!"

솔직히 아프로디테는 거의 그러라고 할 뻔했다. 입술이 달싹거렸다. 사랑의 여신이라는 이름을 오로지 혼자 누리고 싶어서 얼마나 안달했던가? 그러나 이제 드디어 원하던 바를 거머쥐게 된 순간, 아프로디테는 처음 생각과는 달리 그 이름을 혼자 누리는 문제가 그렇게 중요하지 않다는 걸 깨달았다. 이시스가 사랑의 여신이란 이름을 잃는 게 별일 아니라는 듯이 용감하게 웃고 있지만, 겉으로만 그럴 뿐 속마음은 아니라는 걸 아프로디테는 알고 있었다. 아프로디테가 주문을 외우기 전에 꽃잎을 뿌려 댄 게 쇼라는 사실을 이시스가 간파한 것과 마찬가지였다. 아프로디테는 이시스의 입장이 되어 얼마나 절망스러울지 상상해 보았다.

'이시스는 나한테 도움을 주고도 아무런 공을 내세우지 않았어. 하지만 이시스의 공은 인정받아야 마땅해.'

"서두를 것 없어요!"

아프로디테의 귀에 자기 목소리가 들렸다. 피그말리온은 펜을 든 채 왜 그러느냐는 듯이 아프로디테를 쳐다보았다.

"이시스가 주문을 고쳐 줬어요."

아프로디테는 이시스가 놀라 자기를 쳐다보는 걸 느꼈다.

"이시스가 도와주지 않았더라면 성공하지 못했을 거예요."

"아, 그렇군요."

피그말리온은 손가락 사이로 깃털 펜을 빙빙 돌리며 중얼거렸다.

"그럼 사랑의 여신이란 이름은……"

"우리 둘 다 가지는 거죠."

아프로디테가 못을 박았다.

"무승부예요. 그러니까 선언문을 두 장 쓰도록 해요. 하나는 내가 사랑의 여신이라고, 다른 하나는 이시스가 사랑의 여신이라고 선언하는 거예요. 우린 그 이름을 공유할 거니까요."

아프로디테는 속으로 생각했다.

'우리가 서로를 알게 되기 전에는 쭉 그렇게 살았잖아.'

이시스의 초록 빛깔 눈동자가 휘둥그레진 채 아프로디테의 푸른 눈동자를 향했다.

"너 혹시 내가 불쌍해서 이러는 거니?"

"절대 아냐!"

아프로디테는 딱 부러지게 대답했다.

"네가 공로의 반을 가져가야 공평하기 때문이야."

사실 아프로디테 스스로도 자신의 행동이 믿기지 않았다. 그러나 마음속 깊은 곳에서 우러나는 느낌으로 바른 일을 했다는 걸 알 수 있었다.

사랑의 여신이란 이름을 나눠 가진다고 해서 아프로디테의 힘이 사라지는 것도 절대 아니었다. 사실 어딘가에 가끔씩 속내를 털어놓을 수 있는, 아프로디테처럼 사랑을 속속들이 알고 이해하는 친구가 있으면 좋을 것 같았다.

피그말리온의 선언문을 받아 들자 아프로디테와 이시스는 피그말리온과 갈라테이아에게 작별 인사를 하고 떠났다. 두 연인은 갈라테이아가 머물 수 있도록 가까운 곳에 채석장이 내려다보이는 별장을 지을 계획을 세우고 있었다. 피그말리온은 갈라테이아가 친구를 사귈 수 있도록 함께 마을로 가서 사람들에게 소개시켜 주겠다고 약속했다.

백조 수레를 향해 걸어가면서 아프로디테는 가볍게 한숨을 쉬었다. 지난 며칠간 통 느끼지 못했던 만족감이 찾아들었다.

"피그와 갈라테이아는 평생 행복하게 살 것 같아. 피그란 사람이 여전히 갈피를 잡을 수 없고 농담도 엉망이지만 갈라테이아는 그런 피그가 타고난 익살꾼에 머리끝부터 발끝까지 멋진 남자라고 생각하는 것 같으니까."

그 말에 이시스는 까르르 웃음을 터뜨렸다.

"그래. 정말 잘 어울리는 한 쌍이 될 거야."

아프로디테는 생글생글 웃으며 덧붙였다.

"다행이지 뭐. 온 세상을 통틀어 피그를 좋아할 여자는 갈라테이아뿐일 것 같으니까."

갑자기 이시스가 정색을 하더니 말했다.

"아까 마음 써 줘서 정말 고마웠어. 네가 사랑의 여신이란 이름을 혼자 누린다 해도 아무도 뭐라 하지 않았을 거야. 나도 마찬가지이고."

그러자 아프로디테가 대답했다.

"그럼 '내가' 날 탓했을 거야. 공정하지 않잖아. 친구에게 그런 짓을 할 수는 없어."

"친구?"

이시스의 눈이 휘둥그레졌다.

아프로디테는 방긋 웃으며 이시스를 가볍게 안았다.

"그래, 친구."

갑자기 아프로디테는 좋은 생각이 떠올랐다.

"바로 이집트로 가지 않아도 되면 올림포스 학교에 들르지 않을래? 오늘 밤에 댄스파티가 열리거든. 클레오 화장품 가게에서 전문가가 와서 꽃단장도 해 줄 거야. 내 방에 침대가 하나 남으니까 자고 가. 내가 내일 카이로에 데려다 줄게. 어때?"

"당연히 좋지!"

이시스는 하이파이브를 하려고 손을 번쩍 들었다. 아프로디테는 손을 마주치며 생각했다.

'새끼손가락 맹세처럼 하이파이브도 세계 어디서나 같은 뜻으로 쓰이는구나.'

아프로디테와 이시스가 함께 댄스파티에 간다는 소문이 돌게 되면, 둘이 친구라는 걸 온 세상 사람이 알게 될 터였다. 그렇다면 각각의 편을 들던 그리스와 이집트 사람들 사이에 전쟁이 일어날 가능성도 없다. 이시스를 댄스파티에 초대한 건 다정하면서도 영리한 행동이었다. 누가 미모와 두뇌는 따로라고 했던가?

아프로디테는 속으로 외쳤다.

'난 둘 다 가지고 있어!'

12 난 누구일까요?

그날 밤 영웅 주간 기념 댄스파티가 열리기 전, 아프로디테의 기숙사 방은 '꽃단장 중앙 본부'로 돌변했다. 클레오 화장품 가게의 주인 클레오는 약속대로 올림포스 학교로 와서 여학생들의 단장을 도와주고 조언도 해 주었다. 그날 오후 아프로디테의 방에 들른 여학생은 스무 명이 훌쩍 넘었다. 클레오는 꽃단장을 해 보고 싶다며 새로운 여학생이 들어올 때마다 세 눈을 반짝이며 맞아 주었다.

아프로디테, 아테나, 페르세포네, 아르테미스는 이시스의 이국적인 모습에 영감을 받아서 이집트 여자처럼 눈에 까만 선을 그렸다. 그러자 다른 학생도 너도나도 하겠다고 나섰고, 이시스는 생글생글 웃으며 올림포스 학교 여학생들의 반응을 즐겼다.

아프로디테와 친구들은 자기 영웅을 상징하는 차림을 하고 있었다. 아테나는 자신의 영웅 오디세우스가 지금 집으로 항해 중이기 때문에 선원이 쓰는 머릿수건을 둘렀다. 한편 아프로디테는 파리스가 트로이의 왕자라서 보랏빛 벨벳 토가를 입고, 기다란 금발 머리에 은으로 만든 작은 왕관을 써 왕자처럼 차려입었다. 그리고 번쩍이는 은색 스타킹과 샌들을 신고, 얼굴과 머리카락에 은색 반짝이를 뿌려 잔뜩 멋을 냈다.

아프로디테와 이시스는 클레오가 작업할 때 곁에서 유심히 지켜보다가 때때로 클레오와 함께 아이라인을 제대로 그리는 법 같은 화장법에 대해 이야기를 나누기도 했다. 그 셋은 화장품에 관해서라면 밤새도록 이야기할 수 있었다. 그러나 어느덧 댄스파티에 가야 할 시간이 되었다.

"애들아, 가자. 이러다 늦겠어."

페르세포네가 어두워지는 하늘을 바라보며 외쳤다. 그날 저녁 페르세포네의 남자 친구 하데스는 지하 세계 일이 바빠서 파티에 올 수가 없었다. 그러나 페르세포네는 남자 친구가 없으면 놀 줄도 모르는 아이가 아닌 만큼 다른 친구들만큼이나 잔뜩

신이 나 있었다.

"어, 체육관에서 밴드가 연주를 준비하는 소리가 들리네!"

교실과 기숙사가 있는 본관 건물과 체육관 사이에는 커다란 운동장이 있는 만큼 거리가 상당히 떨어져 있는데도 디오니소스가 아울로스를, 아폴론이 키타라를 연주하는 소리가 희미하게 들렸다.

페르세포네를 선두로 친구들은 얼른 기숙사를 나섰다. 아프로디테와 이시스는 가장 늦게 방을 나섰다. 둘이 막 떠나려는

데 창문으로 마법 바람이 휭 몰아쳤다.

아프로디테가 이시스를 불러세웠다.

"잠깐만."

아프로디테는 얼른 우편함으로 가서 막 배달된 편지를 집었다. 손끝에 마법이 찌르르 전해졌다.

"편지가 온 거야?"

이시스의 물음에 아프로디테는 고개를 끄덕여 답했다. 방을 나서면서 두루마리를 펼쳐 보니 또 수수께끼 편지였다.

'이걸로 벌써 세 번째야!'

이시스가 궁금한 표정으로 물었다.

"뭐라고 쓰여 있어?"

건물 밖으로 나가 학교 뜰을 지나면서 아프로디테는 편지를 읽어 주었다.

트로이 전쟁 때 난 그대 편에 섰죠.
그댈 생각하면 '사랑'이 떠오르죠.
그댈 좋아하는 난 누굴까요?

"어머나! 누가 그렇게 홀딱거리는 거야?"

이시스가 신이 난 목소리로 물었다.

"응?"

"아까 아프로디테 네가 아이들과 이야기 나눌 때 들으니까 누가 널 좋아한다는 말을 그렇게 쓰는 것 같던데?"

아프로디테는 그제야 무슨 말인지 알아듣고서 "풋!" 하고 웃음을 터뜨렸다.

"아, 홀딱 반했다고. 그래, 누가 나한테 홀딱 반했나 봐."

이시스는 약간 헷갈리는 눈치였다.

"뭐가 됐든, 편지 보낸 이가 누군지는 수수께끼인 거지?"

"그래."

아프로디테를 따르는 수많은 추종자 중에서 누가 편지를 보낸 걸까? 올림포스 학교의 모든 학생이 영웅학 수업을 듣고 있는 만큼 트로이 사건이 벌어졌을 때 누구든 한쪽 편을 택해야 했다.

다른 친구들 뒤를 따라 파티장에 도착하자 아프로디테는 수수께끼 편지를 호주머니에 일단 쑤셔 넣었다. 체육관 안은 영웅학 게임판과 비슷하게 꾸며져 있었다. 벽에는 여러 나라와 도시, 각종 들짐승, 그리고 그리스 영웅들과 그들의 업적을 그린 벽화가 화려하게 장식되어 있었다. 곳곳에 알록달록한 리본이 둘러져 있고, 횃불이 활활 타오르며 파티장을 밝혔다. 이동식 관람석은 한쪽 끝으로 모두 밀려났고, 음식이 산같이 쌓여 있는 탁자가 벽을 따라 죽 늘어서 있었다.

파티장 안쪽에선 아르테미스가 무대에 서 있는 쌍둥이 동생 아폴론을 향해 손을 흔들고 있었다. 아폴론의 밴드 천상천하 멤버인 디오니소스, 아레스, 포세이돈도 함께 무대에 올라 '내가 가장 잘나가'를 연주하고 있었다. 그 곡은 아폴론이 아르테미스의 도움을 받아 쓴 곡으로 학생들 사이에서 인기가 높았다. 아폴론이 손짓하자 아르테미스는 무대에 올라가 함께 노래를 불렀다.

아프로디테와 페르세포네는 이시스를 춤추는 무대로 끌고 갔다. 이시스가 마음 편하게 섞일 수 있도록 하기 위해서였다. 이시스가 '우린 이집트 스타일'이란 새 춤을 선보이자 당장 여학생들의 시선이 집중되었다. 몸을 앞으로 향한 채 머리와 손발을 옆으로 돌려서 코와 손가락, 발가락이 한쪽을 향하도록 한 다음 노래 박자에 맞춰 팔다리를 흔들며 한쪽으로 몇 걸음 움직였다가 뒤로 휙 돌아서 반대쪽으로 움직이는 춤이었다. 점점 더 많은 학생이 춤을 따라하더니 곧 춤추는 곳에 있는 모든

학생이 그 춤을 추게 되었다.

　아프로디테는 헤라가 몇몇 학교 선생님들과 이야기를 나누며 어울리는 모습을 보고서 제우스를 찾았다. 제우스 교장 선생님은 모든 댄스파티에 샤프롱으로 참석했는데 오늘은 어디서도 보이지 않았다.

　'이런, 교장 선생님이 오시기 전에 헤라 님이 먼저 떠나면 안 되는데.'

제우스를 찾던 아프로디테는 메두사가 쌍둥이 언니들과 함께 체육관 구석에 서 있는 걸 보고 저도 모르게 한숨을 푹 쉬었다. 메두사는 팔짱을 끼고 인상을 팍 찌푸리고 있었다.

'아, 진짜! 도무지 즐길 줄 모르는 애들이 있다니까.'

메두사는 자신의 영웅이 왕이라서 금빛 왕관을 쓰고 있었다. 그런데 안타깝게도 머리의 뱀들이 왕관 안에 똬리를 틀고서 낮잠을 자는 바람에 마치 머리에 초록색 찐빵을 얹고 있는 것 같아 보였다!

그러니 너무나 당연하게도 메두사에게 다가가려는 남학생이 없었다. 아프로디테가 보기에 메두사는 자신의 모습이 얼마나 이상하고 쌀쌀맞아 보이는지 전혀 모르는 눈치였다.

'어휴, 보나 마나 남자애들이 자길 싫어해서 아무도 말을 걸지 않는다고 생각하고 있을 거야. 물론 머리에 초록색 찐빵을 얹고 있으면 좋아하기 쉽지 않지. 그래도 누구든 짝이 있다는 내 믿음은 변함이 없어.'

피그말리온 사건을 겪고 나서 아프로디테의 믿음은 더 단단해졌다! 게다가 사실 아프로디테는 메두사의 남자 친구가 될 만한 아이를 점찍어 두고 있었다. 물론 저 뱀머리 소녀가 좋아하는 남학생은 아니었다. 아프로디테가 보기에 포세이돈은 메두사와 잘 어울리는 짝이 아니었다. 극과 극은 서로 끌리기도 하니까 아프로디테는 오히려 메두사와 정반대인 소년 신을 골랐다. 바로 재미있게 사는 게 목표인 디오니소스였다.

휴식 시간을 맞아 디오니소스와 아레스가 무대에서 내려오자 나머지 밴드 멤버인 아폴론과 포세이돈은 그 둘 없이도 연주할 수 있는 곡을 이어 갔다. 아프로디테는 그 기회를 놓치지 않고 놀기 좋아하고, 남 의심할 줄 모르는 디오니소스를 향해 다가갔다. 목표 지점을 몇 걸음 앞두고 아프로디테는 아레스와 부딪히고 말았다. 글자 그대로 퍽 하고 부딪혔다.

"이런!"

아레스는 아프로디테가 쓰러지지 않도록 얼른 팔을 잡아 부드럽게 일으켜 주었다.

"너랑 여기서 맞부딪혔으면 했지만 이런 식은 아니었는데!"

아레스는 아프로디테를 향해 눈부신 미소를 지었다.

그러나 아프로디테는 사람들 속에서 디오니소스를 놓칠까 봐 발끝으로 서서 아레스 너머를 살피느라 바빴다.

"아프로디테, 잠깐 얘기 좀 할까?"

그제야 아프로디테는 아레스의 말에 주의가 끌렸다. 아레스의 반짝이는 두 눈동자와 눈길이 마주치자 아프로디테의 볼이 발그스름하게 물들었다. 올림포스 학교 남학생을 통틀어 아프로디테의 볼을 달아오르게 하는 이는 오직 아레스뿐이었다. 종종 아프로디테는 자신이 아레스에게 설렘을 느끼지 않길 바랐다. 아레스는 늘 이런저런 일로 아프로디테의 화를 돋우기 때문이었다. 절대 인정한 적은 없지만 사실 아프로디테는 아레스와 옥신각신하는 걸 은근히 즐겼다.

"아레스, 미안해. 지금은 때가 좋지 않아. 내가 꼭 해야 할 일이 있거든."

대번에 아레스의 눈빛이 약간 어두워졌다.

"그럼 나중에라도 꼭 얘기 좀 해. 알았지? 난……."

그러나 이제 아프로디테는 거의 듣는 둥 마는 둥 했다. 디오니소스가 문을 향해 가고 있었다!

"저기! 디오니소스!"

아프로디테는 디오니소스를 뒤쫓아 가며 급히 소리쳤다. 아프로디테가 다가오자 디오니소스는 깜짝 놀라서 쳐다보았다.

"아프로디테, 왜 그래?"

"저기…….."

아프로디테는 어떻게 하면 디오니소스가 메두사에게 춤을 청할지 방법을 짜내려 애를 썼다. 그 순간 디오니소스의 토가 주머니에서 천이 삐죽 튀어나온 게 눈에 띄었다.

"어, 며칠 전 아테네 광장에서 장님놀이 할 때 눈가리개로 쓴 게 그거야?"

디오니소스는 헤헤 웃으며 눈가리개를 휙 꺼냈다.

"'사랑을 하면 눈이 멀어요.'라고 쓰여 있던 걸 말하는 거지?"

아프로디테는 피식 웃으며 말했다.

"그래! 그때 진짜 재밌더라. 여기서도 써 봐."

"어, 그래? 재밌었어?"

디오니소스의 포도 빛깔 눈동자가 반짝반짝 빛났다. 디오니소스는 메두사와 달리 언제든지 놀 준비가 되어 있었다. 디오니소스가 얼른 눈가리개를 집어 머리에 두르자 아프로디테가 말했다.

"어머! 디오니소스. 벌써 어떤 여자애가 너한테 손짓을 하고 있어. 내가 그쪽으로 데려다 줄게. 슬쩍 보기 없기야."

아프로디테는 디오니소스의 손을 잡고서 메두사에게 데리고 갔다. 메두사는 아직도 같은 자리에서 동상처럼 꼼짝 않고 서 있었다.

"디오니소스가 너랑 춤추고 싶대."

메두사는 놀라서 어리벙벙한 얼굴로 오른쪽 왼쪽을 살폈다. 주위에 아무도 없다는 걸 확인하자 메두사는 손가락으로 자신을 가리켰다.

"나랑 춤추겠다고?"

아프로디테가 고개를 끄덕이자 메두사는 눈살을 찌푸리며 소곤거렸다.

"그런데 저 앤 왜 눈가리개를 하고 있는 거야?"

말소리를 듣자 디오니소스가 껄껄 웃음을 터뜨렸다. 다행히 목소리의 주인공이 메두사라는 건 알아차리지 못한 것 같았다. 디오니소스는 눈가리개 앞을 가리켜 보였다.

"왜냐하면 사랑을 하면 눈이 머니까. 됐지?"

아프로디테가 설명을 하고 나섰다.

"일종의 게임이야. 춤을 두 번 추고 나서 네가 누군지 맞히는 거지. 그러니까 아무런 힌트도 주면 안 돼."

"아가씨, 절 춤추는 무대로 데려가 주시지요."

디오니소스는 메두사를 향해 팔을 내밀었다.

"시간이 째깍째깍 낭비되고 있어요. 두 곡이면 저와 사랑에 빠지게 될 겁니다."

메두사는 "깔깔깔!" 하고 밝게 웃음을 터뜨렸다.

'어머, 저 애가 깔깔깔 하고 웃다니! 음, 솔직히 아직도 낄낄 낄에 더 가깝기는 하지만, 그래도 웃는 게 어디야?'

아프로디테는 지금까지 메두사가 비웃음 말고 미소 비슷한 거라도 짓는 걸 본 적이 없었다. 메두사와 디오니소스 커플이 춤추는 무대로 향하자 하필 느린 곡이 시작되었다. 그러자 메두사의 뱀들이 음악에 맞춰 노래라도 부르는 듯이 쉭쉭거리기 시작했다. 아프로디테는 바짝 긴장해서 몸이 뻣뻣하게 굳었다.

디오니소스의 얼굴에 이상하다는 표정이 떠올랐다.

"어디서 풍선 바람이 새나?"

아프로디테는 메두사의 대답을 듣지 못했지만 그래도 안도의 한숨을 쉬었다.

'하마터면 재난으로 번질 뻔했어.'

메두사와 디오니소스 커플은 그럭저럭 순조롭게 출발해서 재잘재잘 이야기를 나누기 시작했다. 아프로디테는 디오니소스가 파트너의 정체를 알게 되었을 때 '사랑을 하면 눈이 멀어요.'라는 문구가 진실로 힘을 발휘하기만 간절히 바랐다.

"또 소개팅 주선이야?"

웬 남자 목소리가 물었다.

아프로디테가 고개를 돌리자 아레스가 곁에 와서 섰다.

"그런 셈이지."

아프로디테의 대답이 재미있다는 듯이 아레스는 고개를 설레설레 흔들었다.

"그래도 디오니소스와 메두사라니? 진짜 희한한 조합인걸."

아프로디테는 아레스를 향해 거만하게 미소 지었다.

"걱정 마. 난 이 방면으로는 타고났으니까. 난 사랑의 불꽃이 튀기도 전에 미리 알아볼 수 있어."

아레스가 아주 가까이 서 있는 바람에 둘의 어깨가 스치고 손등이 슬쩍 닿았다. 아프로디테의 볼은 다시 발그스름하게 달아올랐다.

그때 아레스가 웃음을 터뜨리더니 중얼거렸다.

"그런데 넌 정작 누가 널 좋아하는 건 알아차리지 못하는구나."

순간 아프로디테의 심장이 파르르 떨렸다. 그런데 곧바로 최근에 아레스에게 화났던 일이 떠올랐다. 아프로디테는 아레스를 향해 돌아서서 손가락으로 아레스의 가슴을 콕 찔렀다.

"내가 며칠 전 아테네 광장에서 했던 성적 이야기는 정말로 사적인 거였어. 말 안 해도 그 정도는 알았어야지. 네가 친구들에게 말해서 얼마나 화났는지 알아? 아직 내 친구들한테도 털어놓은 적 없단 말이야!"

아레스는 무슨 소리냐는 듯이 눈을 휘둥그레 떴다.

"난 말한 적 없어!"

아프로디테는 갑자기 확신이 사라져서 아레스를 가만히 쳐다보았다.

"그런데 내가 말해 주자마자 네가 네 친구들에게 뭐라고 했잖아. 그러니까 모두 곧바로 날 쳐다보면서 웃었단 말이야!"

"아프로디테, 그 녀석들은 널 두고 웃은 게 아니야."

아레스는 짙은 금발 머리를 벅벅 긁으며 어쩔 줄 몰라 했다. 어느 정도 수줍어하는 것도 같았다.

"그 녀석들은……."

순간 아레스의 눈길이 아프로디테 너머 어딘가를 향했다. 아프로디테가 돌아보니 이시스가 다가오고 있었다. 이시스의 아름다운 초록 눈동자는 아레스에게서 떨어질 줄 몰랐다.

'이시스를 어떻게 탓하겠어? 아레스는 두말할 것도 없이 올림포스 학교에서 가장 멋진 남학생인걸.'

아프로디테는 솟구쳐 오르는 질투심을 억지로 꾹꾹 눌렀다.

'아레스랑 나랑은 이미 예전에 끝난 사이야.'

아프로디테는 아레스와 이시스를 서로에게 소개했다. 그러고 나자 셋 사이에 어색한 침묵이 흘렀다. 아프로디테는 어떻게든 분위기를 바꾸려고 무대를 가리키며 말했다.

"이시스, 네가 아레스한테 이집트 스타일 춤을 가르쳐 주지 않을래?"

말을 뱉고 나니 아프로디테는 스스로를 한 대 걷어차 주고 싶을 지경이었다.

'이 둘을 엮어 주려 하다니 내가 지금 무슨 짓을 한 거야?'

아레스는 이시스의 이국적인 아름다움에 끌릴 게 뻔했다.

'아, 그러든 말든 내가 왜 자꾸 신경을 쓰는 거지? 그래도 신경 쓰이는 걸 어떻게 해?'

아프로디테는 아레스가 뭐라고 변명을 늘어놓으며 지금은 춤추기 곤란하다고 말하길 바랐다.

하지만 아레스는 아프로디테를 묘한 눈으로 바라볼 뿐이었다. 아프로디테는 아레스의 눈 속에서 어떤 것을 보았지만 그것이 어떤 의미를 가지고 있는지 짐작하기 어려웠다.

'혹시 나한테 실망한 건가?'

그러나 다음 순간 아레스는 예의 바른 미소를 지으며 이시스에게 무대로 가자고 청했다.

"좋아, 발바닥에 불 좀 지펴 보자고!"

아레스와 이시스가 멀어지는 모습을 보자 아프로디테는 저도 모르게 둘이 참 잘 어울린다는 생각이 들었다. 그러나 이시스가 아레스의 팔에 손을 얹은 모습을 보자 더 생각하고 싶지 않아서 눈길을 돌려 버렸다.

때마침 포세이돈이 휴식 시간을 가지러 무대에서 폴짝 뛰어내렸다. 아프로디테는 포세이돈을 보자 불붙여 줘야 할 또 다른 사랑의 불씨가 떠올랐다. 아프로디테는 딴청을 피우며 포세이돈 옆으로 다가갔다. 그러고는 포세이돈이 리라를 얼마나 잘 타는지 모르겠다고 칭찬을 퍼부으며 슬그머니 판도라 쪽으로 끌고 갔다. 판도라는 어떤 남학생을 한구석으로 몰고 질문 공격을 다다다 퍼붓고 있었다.

"어머, 판도라. 안녕."

아프로디테가 인사를 건넸다. 판도라가 돌아서자 취조를 당하던 남학생은 기회를 놓치지 않고 재빨리 달아나 버렸다. 안타깝게도 이 호기심 넘치는 소녀는 일반적인 대화 나누는 법을 전혀 모르는 것 같았다.

그런데 포세이돈이 인사를 건네자 끊임없이 다다다 움직이던 판도라의 혀가 빳빳이 굳어 버리기라도 한 듯 판도라는 조용히 있기만 했다.

아프로디테는 판도라의 반응에 저도 모르게 눈을 굴렸다.

'오, 신이시여. 내가 없으면 인간이든 신이든 과연 어떻게 될지 진짜 궁금하다니까. 절대로, 음, 절대로까지는 아니지만 사랑에 빠지는 이들이 훨씬 줄 거란 것만큼은 확실해.'

아프로디테는 판도라와 눈빛을 주고받은 다음 고갯짓으로 포세이돈을 가리켰다. 포세이돈은 마침 삼지창의 미늘을 살피고 있었다. 아프로디테는 소리 없이 입 모양으로만 말했다.

'포세이돈에 대해 뭐든 물어봐.'

"뭐라고?"

판도라는 아프로디테 쪽으로 고개를 숙이며 큰 소리로 되물었다.

포세이돈은 둘의 대화를 듣기라도 한 듯 둘을 향해 눈길을 던졌다. 그러다 판도라와 눈이 마주치자 포세이돈의 반짝이는 뺨이 발그스름해졌다. 그건 아프로디테로서도 실로 놀라운 일이었다. 학교 여학생의 반 이상이 포세이돈을 짝사랑했지만 포세이돈은 좀처럼 반응을 보인 적이 없기 때문이었다.

"어, 아무것도 아냐."

아프로디테는 일단 대답했다가 포세이돈이 눈길을 돌린 틈을 타서 얼른 판도라에게 속삭였다.

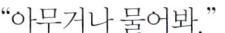

"아무거나 물어봐."

"뭘?"

판도라가 되물었다.

"포세이돈에 대한 거면 뭐든지. 어, 그럼…… 삼지창 얘기라도 물어봐. 그런 다음 포세이돈이 대답을 모두 마칠 때까지 입도 뻥긋 말고 귀 기울여 들어야 해."

판도라는 진지하게 생각해 보더니 고개를 끄덕였다. 그러고는 포세이돈에게 한 걸음 다가섰다.

"포세이돈, 쇠스랑이랑 삼지창이랑 어떤 차이점이 있니?"

그런 다음 판도라는 입술을 앙다물었다. 다른 질문을 던지지 않기 위해 죽을힘을 다하는 것 같았다.

판도라의 질문을 받자 포세이돈의 얼굴이 확 밝아졌다. 포세이돈에게 있어 그 문제는 참으로 중요한 주제였다. 포세이돈이 설명을 시작하자 아프로디테는 조용히 자리를 비켰다. 잠시 후 아폴론과 아르테미스가 흥겨운 노래를 부르기 시작했을 때 아프로디테는 포세이돈과 판도라가 춤추는 무대로 나가는 모습을 흐뭇하게 바라보았다.

이시스와 아레스도 춤을 추며 즐거운 시간을 보내고 있는 눈치였다. 아프로디테는 자꾸만 둘에게 눈길이 가서 억지로 주의를 딴 곳으로 돌렸다. 그 순간 아프로디테의 눈에 키클롭스 선생님이 보였다.

'어머, 선생님이랑 클레오 언니랑 벌써 이야기를 나누고 있네! 내 도움 없이도 서로를 찾아냈나 봐. 어머, 서로를 바라보는 두 분 눈 좀 봐. 어휴, 아르테미스가 보면 닭살 돋는다고 난리를 쳤을 거야.'

이제 세 건의 연애가 해결되었고 하나가 남아 있었다. 그리고 그 한 건이 가장 중요했다. 누가 신호라도 보낸 듯이 마침 제우스가 검은색 우산을 들고서 시무룩한 표정으로 성큼성큼 걸어 들어왔다. 제우스는 인상을 팍 찌푸리며 체육관 안을 샅샅이 훑어보았다. 제우스가 한 걸음 뗄 때마다 우레가 콰쾅 울리고 바닥이 흔들렸다. 체육관의 열린 지붕 사이로 갑자기 비가 줄줄 쏟아지자 놀란 학생들이 꺅 꺅 비명을 질렀다! 체육관 곳곳에서 우산

이 착착 펼쳐졌다. 파티장에 검은 구름이 드리우자 즐거웠던 분위기가 축축해져 버렸다. 아프로디테가 빨리 행동을 취하지 않으면 파티가 완전히 망쳐질 판국이었다.

아프로디테가 어찌할지 결정을 내리기 전에 헤라가 제우스를 향해 뚜벅뚜벅 걸어갔다. 헤라의 모습에는 자신감이 철철 흘렀고, 굳은 의지가 엿보였다. 아프로디테는 헤라가 제우스에게 자기소개를 하고서 악수를 청하는 광경을 숨죽인 채 지켜보았다. 제우스가 헤라의 손을 맞잡고 악수를 하자 마주 잡은 손 주위에 불꽃이 파팍 튀었지만 헤라는 전혀 신경 쓰지 않는 눈치였다. 제우스는 넋 나간 듯이 헤라를 빤히 쳐다보았다. 그러더니 자기 우산 아래로 들어오라고 청하고서 대화를 나누기 시작했다.

아프로디테가 지켜보는 사이 아테나, 페르세포네, 아르테미스가 속속 곁으로 모여들었다. 아르테미스는 어디선가 알록달록하고 커다란 우산을 구해 와서 친구들이 비를 피할 수 있게 해 주었다.

아테나가 친구들에게 속삭였다.

"무슨 이야기를 하고 있을까?"

"나도 모르겠어. 어쨌거나 교장 선생님 기분이 나아지는 것 같아."

페르세포네는 우산 밖으로 손을 내밀더니 덧붙였다.

"비도 그쳤어."

"어, 그러네."

아르테미스는 우산을 접고 빗방울을 툭툭 털어 냈다.

얼마 지나지 않아 체육관에 드리웠던 검은 구름이 온데간데없이 사라지자, 학교 관리인이 서둘러 걸레질을 해서 바닥의 물기를 닦아 주었다. 곧이어 천상천하 밴드가 새로운 곡을 연주하기 시작했고 학생들은 다시 춤추는 무대로 우르르 몰려나왔다. 한편 제우스와 헤라는 계속해서 이야기를 나누느라 주변에서 무슨 일이 벌어지는지 전혀 알아차리지 못하는 것 같았다. 심지어 제우스는 이제 미소도 짓고 껄껄 웃기까지 했다.

아테나는 회색 눈동자를 초롱초롱 빛내며 아프로디테를 꽉 끌어안았다.

"아빠가 이렇게 행복해하는 게 얼마만인지 모르겠어. 아프로디테, 정말 고마워!"

아프로디테는 대답 대신 조심스럽게 물었다.

"그래도 다른 여신이랑 있는 모습을 보고 있기 힘들지 않니? 괜찮아?"

아테나는 고개를 가로저었다.

"아빠만 좋다면 난 그걸로 충분해. 난 그저 아빠가 행복했으면 좋겠어."

"우리도 그래."

페르세포네와 아르테미스가 동시에 외쳤다. 네 친구는 까르르 웃음을 터뜨렸다.

그러나 다음 순간 아테나의 얼굴이 다시 어두워지더니 아프로디테의 팔을 꽉 잡았다.

"어머나, 어떻게 해! 아빠가 춤추자고 청했나 봐!"

"헉! 그럼 안 되는데."

놀란 아프로디테도 얼른 그쪽을 바라보았다. 정말로 제우스와 헤라가 춤추는 무대를 향해 다가가고 있었다. 정작 자신은 잘 모르는 눈치지만, 제우스는 춤 솜씨에선 세계 최악이었다. 네 친구는 다가올 사태를 공포에 떨며 지켜볼 수밖에 없었다. 제우스가 훌라춤과, 수영 자세, 허리 돌리기를 뒤섞은 요상한 춤을 추기 시작하자, 페르세포네는 움찔하고, 아르테미스는 신음을 뱉고, 아테나는 힘없이 어깨를 축 늘어뜨렸다.

"아, 이 사랑은 시작되기도 전에 이렇게 끝나고 마나 봐."

그러나 아프로디테는 흥분하며 외쳤다.

"아닐 수도 있어! 저길 봐."

정말 놀랍게도 헤라는 아직도 빙그레 미소를 짓고 있었다.

'어떻게 교장 선생님의 저 어처구니없고 손발도 안 맞는 춤을 귀엽게 볼 수 있는 거지?'

페르세포네가 제우스와 헤라를 보며 말했다.

"아우, 두 분 같이 있으니까 진짜 귀여워."

"웩, 완전 닭살이야."

아르테미스는 비위 상한다는 표정을 지었다.

그러나 아테나는 아무 말 없이 체육관 입구만 바라보았다. 아프로디테가 그 눈길을 따라가 보니 아테나의 남자 친구 헤라클레스가 체육관 안으로 들어서고 있었다. 헤라클레스는 눈으로 학생들을 훑으며 누군가를 찾았다. 그러다 아테나를 보자 활짝 웃으며 바람같이 달려왔다. 다른 여학생은 안중에도 없었다. 그리고 아프로디테는 헤라클레스의 그런 면이 마음에 들었다.

아프로디테는 슬쩍 물러나서 이시스를 찾아보았다. 이제 이시스는 다른 남학생과 춤추고 있었다.

'어, 그럼······.'

바로 그 순간, 천상천하 밴드가 들어 본 적 없는 새 노래를 연주하기 시작했다. 아레스가 무대 앞으로 나오는 걸 보고 아프로디테는 아레스가 독창을 하려나 보다 짐작했다.

아레스가 사람들을 향해 말했다.

"이 노래는 제가 직접 썼어요. 노래 제목은 '난 누구일까요?'입니다."

체육관 안을 강하고도 듣기 좋은 목소리로 채우며 아레스가 노래를 시작했다.

> 총명함 넘치는 그대여.
> 외로운 사람을 돕네요.
> 그댈 좋아하는 난 누구우우우우굴까요?

아프로디테는 눈이 휘둥그레져서 자세를 똑바로 고쳐 섰다.

'잠깐! 이거 어디서 많이 듣던 말인데. 여자한테 꽃을 보내느니 죽어 버리겠다던 애가 설마 날 위해 노래를 만들었다고? 그

게 가능해?'

그러나 그게 사실인 모양이었다. 음악이 이어지면서 아레스는 수수께끼 편지에 쓰여 있던 말로 노래해 나갔다.

'그럼 아레스가 그 수수께끼의 남자인 거야?'

체육관 곳곳의 여학생들이 노래하는 잘생긴 소년 신을 보며 멋있다고 중얼거리고 한숨을 지었다. 노래가 끝나자 여학생들은 "꺄아악!" 하고 환호를 질렀다. 아레스는 청중을 향해 미소를 지어 보이기는 했지만 다른 여자아이들은 눈에 들어오지 않는 것 같았다. 대신 무대에서 훌쩍 뛰어내려 곧바로 아프로디테를 향해 다가왔다.

"네가 수수께끼 편지를 보냈구나!"

아레스는 고개를 끄덕였다.

"그래서 그날 광장에서 녀석들이 웃어 댄 거야. 너 때문에 웃은 게 아니라 날 놀리려고 그러는 거였어. 이 노래 때문에. 녀석들은 내가 널 위해 이 노래를 만들었다는 걸 알고 있었거든."

아레스는 멋쩍은지 괜히 호주머니에 두 손을 찔러 넣으며 물었다.

"맘에 들어?"

"자길 위해 쓴 노래를 좋아하지 않는 여자가 세상에 어디 있겠어?"

아프로디테의 대답은 거기서 그치지 않았다.

"그런데 너 진심이야?"

아레스는 아프로디테의 눈을 가만히 들여다보았다.

"한마디, 한마디 모두 다."

아레스는 머뭇머뭇 뭔가 말하려 했다.

"이봐, 아프로디테. 나도 내가……."

"그만."

아프로디테는 손을 들어 아레스의 말을 막았다.

"네 노랫말, 뭐라 말할 수 없을 정도로 달콤했어. 네가 계속 떠들면 이 느낌이 망쳐질지도 몰라."

아레스는 행복하게 웃으며 아프로디테의 손을 잡고서 손바닥에 살짝 입을 맞추었다.

"넌 날 너무 잘 알아서 탈이라니까."

아프로디테는 손을 꼭 모아 쥐고서 아레스의 입맞춤을 간직했다.

아레스가 나지막이 물었다.

"춤출까?"

"그래."

아프로디테는 꿈꾸듯 대답했다.

아레스의 손에 끌려 춤추는 무대로 나가자 아프로디테는 갑자기 체육관 안이 훨씬 환하고 반짝이는 것처럼 느껴졌다. 오랫동안 제우스를 둘러싸고 있던 먹구름이 드디어 걷혔기 때문일까? 아니면 곁에 자신이 좋아하는, 그리고 자신을 좋아해 주는 남자애가 있기 때문일까?

가까운 곳에서 이시스가 또 다른 남학생과 춤을 추고 있었다. 이시스는 이 순간을 온전히 즐기고 있는 눈치였다. 아프로디테와 이시스는 눈이 마주치자 서로에게 손을 흔들며 인사를 건넸다.

이윽고 키클롭스 선생님이 클레오를 빙글빙글 돌리며 곁을 스쳐 지나갔다. 키클롭스 선생님은 그렇게 커다란 발을 가졌는데도 의외로 춤 솜씨가 대단했다!

아프로디테는 아레스의 어깨 너머로 키클롭스 선생님에게 방긋 웃어 보였다. 그날 아침 아프로디테는 선생님의 책상에 피그말리온과 관련된 모든 일을 솔직하게 담은 보고서를 올려놓았다.

"B 주시는 거죠?"

아프로디테는 희망을 잔뜩 품고 물었다. 다행히도 키클롭스 선생님은 커다란 엄지를 탁 들어 보였다.

아프로디테는 그제야 마음 놓고 활짝 웃었다.

'이젠 완벽하게 행복해.'

아프로디테는 방학 동안 실제로 무슨 일이 있었는지 친구들에게 들려주고 싶어서 몸이 근질거렸다. 닷새 만에 아프로디테는 돌머리나 받는 D에서 바지런하고, 바람직하고, 밝은 학생이 받는 B로 점수를 올려놓았다!

'미모와 두뇌 완성!'

옮긴이의 말

여러분, 아프로디테가 왜 사랑과 미의 여신일까요? 눈부신 금발 머리에 파란 눈동자, 멋진 몸매를 갖추었기 때문일까요?

이 책을 처음부터 끝까지 읽은 독자는 답을 알 거예요.

아프로디테는 주변 사람의 마음 상태를 늘 살펴서 우울해하는 친구가 있으면 위로해 주고, 짝사랑하는 친구에게는 마음을 고백할 기회를 만들어 주지요. 또 아무리 상황이 힘들어도 항상 밝은 면을 보려 해요. 이집트의 여신 이시스와 경쟁하고, 한꺼번에 다섯 커플(제우스, 키클롭스, 피그말리온, 판도라, 심지어 메두사까지!)을 이어 주고, 영웅학 추가 점수를 받아야 하는 상황에서도 아프로디테는 사람들을 기쁘게 해 줄 방법을 찾고, 친구를 만들잖아요? 그런 상냥하고 긍정적인 마음가짐이 모두에게 사랑받고, 모두에게 사랑을 베풀어 주는 사랑과 미의 여신이 되게 해 주는 것 같아요.

네 여신 중에서 아프로디테가 가장 화려해 보이니까 '나랑 조금도 비슷하지 않아'라고 생각하는 독자들도 있을 것 같네요. 그러나 우리가 보았다시피 아프로디테는 타고난 외모 때문이 아니라 열심히 노력해서 사랑과 미의 여신이라는 이름을 지켜내요. 그렇

다면 우리도 상냥하고 긍정적인 마음가짐으로 지내기 위해 매일 매일 노력한다면 우리 생활 속에서 사랑과 미의 여신이 될 수 있을 거예요. 어쩌면 아프로디테와 비슷해지는 게 가장 쉬운 일일지도 몰라요. 솔직히 만날 1등만 하거나, 모든 운동에 만능이 되거나, 어떤 식물이라도 잘 키우는 게 사실 더 어렵잖아요. 왠지 스스로가 싫어질 때, 미운 친구가 뭔가 부탁을 했지만 하기 싫을 때, 외로운 친구를 발견했지만 말을 걸기 멋쩍을 때 이 책을 다시 읽으면서 사랑과 미의 여신으로 거듭나는 방법을 확인하고 시도해 보세요. 그럼 어느 날 여러분은 아프로디테가 질투할 만큼 멋진 여신이 되어 있을 거예요!

옮긴이 **김경희**

지은이 조앤 호럽, 수잰 윌리엄스

조앤 호럽은 문예상을 받은 작가로, 지금까지 어린이 독자를 위해 125권이 넘는 책을 썼다. 대표작으로는 《샴푸》, 《마멋 날씨 학교》, 《개는 왜 짖을까?》, 그리고 〈인형 병원〉 시리즈 등이 있다. 책에서 새로운 아이디어 얻기를 좋아한다는 점에서 네 명의 소녀 신 중 아테나와 가장 비슷하지 않나 하고 생각한다.

수잰 윌리엄스는 어린이를 위해 30권이 넘는 책을 썼고, 문예상 수상 작가이다. 대표작으로는 《책벌레 릴》, 《엄마가 내 이름을 모른대요》, 《우리 집 강아지는 부탁할 줄을 몰라》, 〈파워 공주〉 시리즈, 〈꽃봉오리 요정〉 시리즈가 있다. 남편 분 말로는, 수잰 선생님은 귀찮은 질문(주로 왜 컴퓨터가 제대로 안 돌아가는지에 관한 질문이라고 한다)을 하는 판도라랑 비슷한 편이라고 한다. 물론 판도라는 절대로 컴퓨터를 쓸 일이 없겠지만.

옮긴이 김경희

초등학교 때 다른 아이들이 텔레비전을 보는 동안 《그리스 로마 신화》, 《일리아드》, 《오디세이아》, 《플루타르크 영웅전》을 줄줄 외울 정도로 읽고 또 읽었다. 제일 좋아하는 여신은 사냥의 신 아르테미스였는데 정작 본인은 운동에 영 소질이 없었다. 그래서 헤라클레스처럼 열두 가지 모험을 하고 올림포스 산에 가 보고 싶었지만 엄두도 낼 수 없었다. 그런데 지금은 어린이 독자를 위해 〈소년 셜록 홈즈〉 시리즈를 번역하면서 신 나는 모험을 하는 중이다. 혹시 〈올림포스 여신 스쿨〉 시리즈가 끝나면 제우스의 초청을 받아 올림포스 학교에 가게 될지도 모른다며 두근두근 기대하고 있다.

6 아프로디테의 선택

초판 1쇄 발행 2014년 4월 16일
초판 4쇄 발행 2019년 4월 10일

글쓴이 | 조앤 호럽, 수잰 윌리엄스 **옮긴이** | 김경희 **그린이** | 이영

펴낸이 | 양원석 **본부장** | 김순미 **책임편집** | 이희자 **디자인** | 김신애
마케팅 | 최창규, 김용환, 정주호, 양정길, 이은혜, 신우섭, 김유정, 유가형, 조아라, 임도진, 정문희, 신예은
해외저작권 | 최푸름 **제작** | 문태일, 안성현

펴낸곳 | (주)알에이치코리아 **주소** | 08588 서울시 금천구 가산디지털2로 53, 20층(한라시그마밸리)
문의 | 02-6443-8872(내용), 02-6443-8838(구입), 02-6443-8960(팩스)
등록번호 | 제 2-3726호(2004년 1월 15일 등록)

ISBN 978-89-255-4743-5 (74840)
ISBN 978-89-255-4737-4 (세트)

어린이제품 안전특별법 표시 사항
제품명 도서 | **제조자명** (주)알에이치코리아 | **제조국명** 대한민국 | **전화번호** 02)6443-8800
주소 서울시 금천구 가산디지털2로 53, 20층(한라시그마밸리)

※ 값은 뒤표지에 있습니다.
※ 맞춤법과 띄어쓰기는 국립국어원의 기준에 따랐습니다.
※ 잘못 만들어진 책은 구입하신 곳에서 교환해 드립니다.
⚠ 책 모서리가 날카로워 다칠 수 있으니 사람을 향해 던지거나 떨어뜨리지 마십시오.

알에이치코리아 홈페이지와 블로그, SNS로 들어오시면 자사 도서에 대한 더 많은 정보와 이벤트 혜택을 확인하실 수 있으며, E-book몰에서는 전자북으로도 만나볼 수 있습니다.
E-book몰(RHK북스) http://ebook.rhk.co.kr | 페이스북 https://www.facebook.com/rhk.co.kr | 블로그 http://randomhouse1.blog.me
유튜브 http://www.youtube.com/randomhousekorea | 주니어RHK 포스트 https://post.naver.com/junior_rhk | 인스타그램 @junior_rhk